AF612140

Editorial
NUN

Hermenéutica analógica, filosofía y dignidad humana

ficha bibliográfica

Beuchot, Mauricio

Hermenéutica analógica, filosofía y dignidad humana
1a. edición, 2023

ISBN: 978-607-59598-2-5

Editorial Notas Universitarias, S. A. de C. V.
Colección Sapientia

Impreso en la Ciudad de México, en marzo de 2023
Formato: 15 × 21 cm

138 pp.

Editorial NUN

Es una marca de la Editorial Notas Universitarias, S. A. de C. V.

Xocotla 17, Tlalpan Centro II, alcaldía Tlalpan,
C. P. 14000, Ciudad de México

www.editorialnun.com.mx

Comentarios sobre la edición a contacto@editorialnotasuniversitarias.com.mx

Versión impresa ISBN: 978-607-59598-2-5
Versión digital ISBN: 978-607-59506-8-6

Los textos aquí presentados fueron arbitrados (doble-ciego) y dictaminados por especialistas nacionales. Posteriormente fueron revisados, corregidos y modificados por los autores antes de llegar a su versión final.

Dirección editorial y diseño de portada: Miryam D. Meza Robles
Cuidado de la edición: Felipe G. Sierra Beamonte
Corrección de estilo: Martha Patricia Martínez Galindo
Diagramación: Carlos Papaqui Landeros

Impreso en México

Hermenéutica analógica, filosofía y dignidad humana

Mauricio Beuchot

Índice

Introducción

En este volumen me propongo examinar las relaciones de la hermenéutica con el estudio de la realidad. Por supuesto que ello nos conducirá a un realismo, un realismo analógico, pero, sobre todo, al conocimiento de esa realidad que tanto nos atañe como es el ser humano. Es el empeño de construir una hermenéutica analógica.

Para tener una idea de ese instrumento conceptual, comienzo con una exposición del concepto de analogía en la historia, para llegar a la actualidad que puede tener una hermenéutica analógica. Ahora, después del univocismo de la modernidad, impera el equivocismo de la posmodernidad, y por eso se necesita un analogismo que nos haga salir de ese *impasse*. Tal será la función de la hermenéutica analógica.

En esa línea y registro de la antropología filosófica, pero apoyada por la hermenéutica, introduzco el tema de las humanidades, haciendo hincapié en la necesidad de revisar su enseñanza en las universidades. Son sumamente necesarias, pero hay que hacer un replanteamiento de su enseñanza. Siempre se las ha querido hacer que imiten a las ciencias naturales, siendo que ellas, como se vio, tienen su estatuto epistemológico propio, que es hermenéutico. Por eso, se habla de la hermenéutica como un instrumento útil y valioso para la docencia en humanidades.

Introduzco después un examen histórico de las posturas éticas principales, ya que es una disciplina filosófica indispensable, que nos marca el camino de nuestra vida, y requiere ser fortalecida con la aplicación de la hermenéutica, concretamente de una hermenéutica analógica.

Y ya que de humanidades y de ética se trata, pasaremos a una consideración de la racionalidad y los derechos humanos. En la teoría de la argumentación, que va de la mano de la hermenéutica, se manifiesta y plasma nuestra racionalidad en forma de lo razonable. Y ella debe servir sobre todo para asegurar los valores del hombre, como son los derechos humanos.

Dedicaré después un capítulo al posestructuralismo. Es sabido que la mayoría de los filósofos posmodernos comenzaron como estructuralistas, pero se desmarcaron de esa corriente. Por eso se profesaron como posestructuralistas. Es algo que pertenece a nuestra filosofía reciente, y vale la pena asomarnos para ver quiénes eran y qué querían.

También añado un espacio a la teoría del conocimiento o epistemología de un filósofo mexicano, que fue Luis Villoro. Sostuvo un realismo cognoscitivo, y eso influyó mucho en el pensamiento de nuestro país. Fue un gran maestro, y su presencia sigue viva entre nosotros, sobre todo como defensor de los derechos humanos.

En consecuencia con lo anterior, se reflexionará sobre la aplicación que puede tener la hermenéutica analógica en los derechos humanos, entre varias cosas. Ya se ha hecho de esa manera. Bartolomé de las Casas la utilizó para defender los derechos humanos de los indios y de los negros. Y es algo que, como filósofos, tenemos que tomar muy en cuenta, dada la importancia de esas prerrogativas de la persona.

Ya que el libro comienza con unas reflexiones sobre el realismo filosófico, y se detuvo en consideraciones acerca de la ética y los derechos humanos, al fin se termina con unas breves conclusiones, en las que se explicita lo que hemos ganado en nuestro recorrido, y con una bibliografía selecta, que sólo pretende ser útil y orientadora.

Habremos obtenido algunas ganancias al final, ya que precisamos una reflexión profunda acerca de los derechos humanos, para la cual puede ser útil la hermenéutica y el sentido de la analogía. Es algo que beneficiará nuestra filosofía mexicana, en la cual estamos comprometidos todos nosotros.

Siempre es importante meditar sobre la persona, ya que la filosofía personalista es una de las últimas vertientes de nuestra disciplina. Y hay varias tendencias en ella, por lo que viene al caso establecer la que nos interesa. En mi caso, se trata de un personalismo analógico, ya que deseo que se constituya como diferente de los personalismos unívocos, como los que se basan en una antropología filosófica demasiado biologista, y de los personalismos equívocos, excesivamente culturalistas, ya que el ser humano es tanto biológico como cultural; y una postura analogista ha de tomar en cuenta ambas características, sin privilegiar demasiado alguna de ellas. Requerimos un equilibrio proporcional, que pueda llevar a síntesis las dimensiones del hombre para tener una imagen adecuada del mismo.

Confío en que esta obra impulse a conocer la hermenéutica analógica y a aplicarla en los varios campos en los que se ha mostrado fecunda, sobre todo en las humanidades y, singularmente, en la filosofía. Necesitamos un realismo fuerte, para que el pensamiento mexicano alcance una vitalidad digna; y eso únicamente nosotros podemos conseguirlo para él.

Capítulo I

El concepto de analogía y su actualidad en una hermenéutica analógica

Introducción

Durante este capítulo expondré la noción de analogía en algunos de sus hitos históricos, y la conectaré con la hermenéutica, a fin de que desemboque en una hermenéutica analógica. Esta última puede ser un instrumento conceptual de gran ayuda para las humanidades. En efecto, necesitamos una filosofía que sea hermenéutica, para que pueda dialogar con la posmodernidad de hoy en día. Pero también necesitamos que sea analógica, en aras de que no pierda su dimensión ontológica, cosa que frecuentemente pasa en la actualidad.

La noción de analogía puede revitalizar la filosofía. Necesitamos una que sea significativa para el hombre de hoy, y en esa labor puede ayudarnos mucho hermeneutizar la visión de la filosofía, pero sin renunciar a su ontologicidad. Necesitamos, pues, una hermenéutica analógica para la reflexión que hacemos. Sobre todo en la actualidad, cuando la hermenéutica se ha mostrado tan presente.[1]

La analogía en santo Tomás

Indudablemente, santo Tomás de Aquino es uno de los paradigmas de la filosofía y la teología, concretamente de la teología fundamental, que coincide

[1] M. Beuchot, *Historia de la filosofía en la posmodernidad*, México, Torres, 2009 (2a. ed.), p. 10.

en mucho con la actual filosofía de la religión. Son famosos sus preámbulos de la fe (*praeambula fidei*), que coinciden en mucho con lo que se ha entendido por teología fundamental, incluso cuando se veía en ella la apologética. Pero él es el gran practicante de la analogía.[2] Podemos decir que tiene implícita una hermenéutica analógica. Así ha marcado la teología de la orden dominicana, que hace uso de ese instrumento conceptual: la analogía, y la ha identificado frente a otras tradiciones teológicas.

El Aquinate retoma la analogía de Aristóteles, pero también del Pseudo-Dionisio, una analogía más neoplatónica, y que contiene toda una dialéctica, pues procede de una tesis que es la afirmación, una antítesis que es la negación, y una síntesis que es la supereminencia. Esto es claro en el conocimiento de Dios (lo cual evita que se quede en la teología negativa, cosa que se ha dicho de este teólogo místico).

Tomás hace una sistematización de la doctrina de la analogía, la cual es un modo de significación intermedio entre el unívoco y el equívoco. El unívoco es riguroso y exacto; el equívoco es vago y ambiguo; y el análogo no tiene el rigor ni la exactitud del primero, pero tampoco la vaguedad y ambigüedad del segundo; se mantiene en el límite entre los dos, es un habitante del medio. Pero la sistematización que de la analogía hizo santo Tomás es un tanto complicada; por eso se ha recibido mejor la que realizó un seguidor suyo, el cardenal Cayetano, que la divide en analogía de desigualdad, analogía de atribución y analogía de proporcionalidad (propia y metafórica).

El Aquinate basa la analogía en la metafísica de la participación, que es neoplatónica, pero él la hace compatible con el aristotelismo. Él mismo es analógico en varios puntos. Aplica la analogía del ser a Dios y las creaturas. Concibe al hombre como microcosmos, o compendio de todos los seres; es decir, como el análogo del universo, como el mundo pequeño. También lo ve como ícono o imagen de Dios, es decir, su análogo, sobre todo en Jesucristo. Asimismo, combina el sentido literal de la Sagrada Escritura, que pretende ser unívoco, con el sentido alegórico de la misma, que amenaza con

---

2 H. Chavannes, *L'analogie entre Dieu et le monde selon saint Thomas d'Aquino et selon Karl Barth*, París, Les Éditions du Cerf, 1969, pp. 21 y ss.

ser equívoco, y obtiene el sentido analógico de ésta. Equilibra el sentido alegórico o espiritual de los monjes con el sentido literal de los escolásticos.[3]

Igualmente, se ha visto en santo Tomás una analéctica o analogía dialéctica, o dialéctica analógica, basada en la que señalamos en el Pseudo-Dionisio.[4] Pero del mismo modo podemos decir que usa una hermenéutica analógica, pues es una interpretación que no pierde su aspecto ontológico. Es relacional y existencial, pero sin abandonar la sustancia y la esencia. Así, es una filosofía analógica, que nos puede ayudar a evitar tanto la filosofía positivista como la posmoderna.

La analogía en el maestro Eckhart

Eckhart respeta mucho a santo Tomás, pero sigue más de cerca a san Alberto Magno: por lo tanto, en él predomina el neoplatonismo. Fue un gran místico, además de consumado teólogo. Se ha visto que las acusaciones de herejía que se le hacen dependen más de la dificultad del lenguaje que usaba que de su contenido. Sortea el panteísmo neoplatónico y no incurre en él. Y lo hace gracias a la noción de analogía, que usa de manera un tanto distinta a la del Aquinate.[5]

Como neoplatónico, Eckhart habla del proceso de todas las creaturas a partir de Dios, del retorno de todas hacia Él, y de que el hombre, que es consciente y responsable, puede hacerlo mediante la justificación, la glorificación y la divinización.

Eckhart realza mucho la diferencia entre Dios y la creatura, por eso privilegia la analogía de atribución. Encuentra en Dios un fondo analógico, y habla de la inhabitación de la Trinidad en el alma humana. Así como en Dios

3 M. Beuchot, *La hermenéutica en la Edad Media*, México, UNAM (Cuadernos del Instituto de Investigaciones Filológicas, núm. 27), 2002, pp. 151 y ss.

4 J. Gómez Caffarena, "Analogía del ser y dialéctica en la afirmación humana de Dios", en *Pensamiento*, 1960, pp. 143-147.

5 A. de Libera, *Le problème de l'être chez Maître Eckhart: logique et métaphysique de l'analogie*, Ginebra-Lausana-Neuchâtel, Cahiers de la Revue de Théologie et de Philosophie, 1980, pp. 1-5.

lo mejor es la unidad y la inteligencia, antes que el ser, así en el hombre lo mejor es la unidad, la inteligencia y el amor. La unidad la encuentra en el "hombre noble", que es uno, por ser espiritual, es decir, de una sola pieza. La inteligencia se detecta en su capacidad de conocer a Dios, y el amor en la caridad que es capaz de tener con el prójimo.

La imagen de Dios en el hombre, la analogía de Éste en él, se encuentra en el fondo del alma. Así, Dios deja que el ser humano participe de Él, se haga Dios por participación. Es la divinización a la que llama.[6]

Eckhart expone con la analogía su experiencia mística como teólogo. No se queda en una teología negativa, sino que avanza a una analógica, producto de una hermenéutica analógica, que es la que encuentra en la orden dominicana. Es una teología simbólica (o icónica), y el símbolo se interpreta por analogía. Al igual que santo Tomás, equilibra el sentido literal y el sentido alegórico o espiritual de la Escritura.

Realiza la síntesis entre la contemplación (experiencia y reflexión) y la predicación: el testimonio. La filosofía actual se vería muy beneficiada si atiende la hermenéutica analógica que se encuentra en Eckhart, la cual es semejante a la de santo Tomás.

La analogía en la evangelización de América

Algunos de los misioneros de las Indias usaron la analogía, y con ella pudieron comprender algo de la otra cultura. Bernardino de Sahagún utiliza la analogía y valora las antigüedades indígenas. Diego Durán emplea la analogía y explica el origen de los indios como tribus perdidas de Israel, descendientes de Sem, Cam o Jafet. Piensa que los ídolos de los indios eran demonios que les habían pedido que los adoraran, etcétera. Y así otros.

[6] M. Beuchot, *La vida y la doctrina del maestro Eckhart*, México, Cuadernos Dominicanos, núm. 6, 1982, pp. 10 y ss.; el mismo, "La hermenéutica mística y metafísica del maestro Eckhart", en *Divinitas*, vol. 39, Roma, 1996, pp. 258 y ss.

Pero el más relevante es Bartolomé de las Casas, el cual utiliza la analogía para tratar de comprender la otra cultura, tan diferente.[7] En su *Apologética historia sumaria* la emplea cuando compara los dioses aztecas con los de los griegos y romanos; cuando dice que pueblos como los fenicios ofrecieron sacrificios humanos, y que la antropofagia de los indios era ritual, una especie de comunión. Llegó a comprender mucho de la alteridad, gracias a la proporción analógica.

Después de haber sido encomendero, Las Casas se convirtió en defensor de los indios. Siendo ya dominico, sigue a santo Tomás, y aplica la analogía en una teología profética, no tanto académica. Con justeza se le puede llamar hermeneuta analógico.[8] La analogía lo hace ver al otro como semejante, como prójimo. A pesar de las diferencias.

Fue capaz de apreciar la otra cultura. A diferencia de Ginés de Sepúlveda, que condenaba, desde el humanismo, a los indios como bárbaros, Las Casas es capaz de reconocer un humanismo indígena (distinto del europeo y, sin embargo, válido proporcionalmente). Las dos culturas son diferentes, pero con una igualdad proporcional.

Las Casas defiende la libertad religiosa, pues condena el que se obligue a los indios a convertirse por la fuerza. Tiene que ser por la persuasión y por el testimonio de caridad. Y la defensa que hace de los indígenas después la hace de los negros, al darse cuenta de su error de pedir que se trajeran para ayudar a los indios (que estaban desapareciendo por los trabajos forzados).

Incluso se le puede atribuir una idea de los derechos humanos, como derechos naturales subjetivos, ya que la noción de derechos subjetivos le viene del nominalismo, que influyó a la Escuela de Salamanca (no hay que esperar hasta Locke). Y el derecho natural le viene del tomismo; y es la base de los derechos humanos. Bartolomé es, así, un verdadero filósofo

[7] R. Martínez Lacy, "El clasicismo analógico de Bartolomé de las Casas", en A. Hernández de León Portilla (ed.), *Hermenéutica analógica. La analogía en la antropología y en la historia*, México, Instituto de Investigaciones Filológicas, UNAM, 2009, pp. 59 y ss.

[8] Así lo ha visto Mario Ruiz Sotelo en su libro *Crítica de la razón imperial. La filosofía política de Bartolomé de las Casas*, México, Siglo XXI, 2010, pp. 75 y ss.

latinoamericano y teólogo de la liberación, *avant la lettre*. Todo ello por su hermenéutica analógica, tan oportuna y adecuada.

La analogía en la apologética de Pascal

Ya en plena modernidad nos encontramos con Blas Pascal, que fue analogista en su apologética. Él era gran matemático y gran creyente; supo conjuntar la razón y la fe. Igualmente, la razón y la emoción, pues distinguía entre la razón y el corazón. Hay razones que entiende el corazón, que no entiende la razón. En esa línea, distingue entre el espíritu geométrico y el espíritu de fineza. Y conjunta analógicamente esos dos polos en un equilibrio proporcional (o analógico), y tiene una metafísica retórica.[9] Es como decir que tenía una ontología hermenéutica.

Sin embargo, Pascal no acepta la prueba de Dios llamada argumento ontológico, que sí admite Descartes. Pascal más bien aporta una prueba pragmática o pragmatista, la de la apuesta: si creo en Dios y existe, gano todo; si no existe, no pierdo nada; inclusive gano, porque me comporté honestamente en mi vida. En ambos casos salgo ganando.

La mitigación del racionalismo cartesiano en Pascal se ve en que él dice que los argumentos proceden mediante la razón, por el raciocinio; pero éstos dependen de los principios; y los principios no los prueba la razón, porque no serían principios. Los acepta el corazón, por intuición. Luego todo depende, en definitiva, del corazón. El corazón es lo más importante.

Como gran matemático que era, Pascal se encuentra entre dos infinitos: el de lo infinitamente grande y el de lo infinitamente pequeño. Ambos lo angustian. Por eso profesa una analogía de desproporción, que nos hace estructurar el mundo de los cuerpos, el de los espíritus y el de la gracia. En efecto, una acción del hombre es infinitamente mejor que cualquier movimiento de los cuerpos, pero un movimiento de la gracia hacia la caridad es infinitamente mayor que los espíritus, puesto que procede de Dios.

[9] E. Morot-Sir, *La metafísica de Pascal*, Buenos Aires, El Ateneo, 1976, pp. xi y ss.

Ya que Pascal tuvo, de joven, una época de libertinaje, arrepentido clama contra los libertinos, y hace una analogía entre el libertinaje y la verdadera libertad, tratando de distinguirlos y de mover hacia la que es auténtica. Dice que el yo es odioso; sin embargo, hay mucha soberbia en el hombre. Sobre todo, el ser humano se ve atrapado por el aburrimiento (*ennui*), y tiende a divertirse, sin saber que solamente pueden rescatarlo de él la fe, la esperanza y la caridad. Es curioso que de su experiencia como jugador sacó tanto el cálculo de probabilidades como su argumento de la apuesta.

También recupera, además del sentido literal de la Escritura, el sentido espiritual (alegórico), según se ve en una carta que dirige a la familia Roannez, unos amigos suyos.

Pascal fue, pues, un gran analogista, y ese sentido de la mediación que tuvo le permitió evitar dicotomías excesivas y buscar mediaciones.[10] Su espíritu de matemático le dio el sentido de la proporción (*analogía*), y por ello tuvo una apologética tan analógica.

Necesidad de la analogía en la actualidad

La necesidad de la utilización del concepto de analogía y de una hermenéutica analógica en nuestro tiempo nos la hacen ver dos pensadores que han marcado la filosofía contemporánea. Son Ludwig Wittgenstein (1889-1951) y Martin Heidegger (1889-1976). Nacidos el mismo año, pero en tradiciones distintas, siguen sendas semejantes (primero el univocismo y luego el equivocismo, sin llegar al equilibrio analógico).

Wittgenstein fue un gran lógico y, como tal, tuvo un ideal univocista en sus comienzos, según se ve en su primera gran obra, el *Tractatus logico-philosophicus*, de 1921-1922. Tan cientificista era su filosofía, que marcó al Círculo de Viena, el cual se caracterizó por su positivismo (neopositivismo o positivismo lógico).

10 Ph. Secretan, "Analogía y trascendencia. Pascal – Edith Stein – Blondel", en *Analogía Filosófica*, núm. 3, número especial, México, 1998, pp. 27 y ss.

Nuestro autor siempre tuvo una inquietud religiosa, aunque nunca se declaró creyente. Su punto de referencia fue el catolicismo, y dijo que la verdad estaba en los Evangelios, los cuales leyó en un compendio que había hecho Tolstoi. Sus amigos, sobre todo Bertrand Russell, lo veían como un místico. Wittgenstein a veces habla de religión, a veces de mística, pero tal parece que se pueden tomar como lo mismo en su discurso.[11]

En el *Tractatus* mismo se dice que la mística versa sobre lo inexpresable. La mística es ver el mundo como un todo. No cómo es el mundo, sino que el mundo es. Además, pensar en el sentido de la vida es orar. Wittgenstein encontraba ese sentido en el cristianismo, en el Evangelio. En efecto, uno de sus amigos decía que, aun cuando no se declaraba cristiano, actuaba como tal.

Nuestro personaje era bastante atormentado, sobre todo por las culpas. Pensaba en Dios como un juez, al estilo kantiano. Pero también leía a Kierkegaard, quien había escrito sobre la angustia. Y a san Agustín, cuyas *Confesiones* cita explícitamente. Para Wittgenstein, el sentido de la vida, lo místico, no se puede decir, sólo se puede mostrar.

Asimismo, leyó a Nietzsche, su libro *El Anticristo*, y la crítica que éste había hecho del cristianismo le pareció desproporcionada, porque decía el cristianismo era la vía hacia la felicidad. A Wittgenstein le interesaba el sentido; no pedía pruebas de la existencia de Dios, sino sentido para vivir, felicidad.

En su segunda época, la de las *Investigaciones filosóficas* (1934-1949), Wittgenstein muestra un cambio radical (por los mismos años en que Heidegger tenía el suyo). Ahora Wittgenstein se vuelve muy antiintelectualista. Pasa de una teoría del significado como forma lógica del mundo o espejo de la naturaleza a una teoría de juegos de lenguaje que se dan en formas de vida. Por eso llega a un relativismo muy equivocista.

Sin embargo, tiene un lado analogista. Conocemos las cosas por medio de paradigmas. Si yo muestro a un niño un modelo del color azul, le pido que me traiga cosas que se parezcan a él, y así aprende a usarlo. Así,

11 J. Jareño Alarcón, *Religión y relativismo en Wittgenstein*, Barcelona, Ariel, 2001, pp. 231 y ss.

pues, hay paradigmas, con respecto a los cuales se dan parecidos de familia. Esos parecidos se van perdiendo hasta desaparecer, y el momento en que se pierden es algo que captamos por intuición, no por la razón. Así, las proposiciones religiosas no tienen una referencia, sino un sentido. Muestran el camino, como paradigmas, y nosotros tratamos de plasmar lo que dicen, parecernos a lo que señalan.

Para nuestro pensador, Dios sigue siendo el sentido. La ciencia no tiene nada que ver con Él. Continúa rechazando pruebas de su existencia. La religión guía la conducta, nos sirve para vivir (de modo parecido a como la veía William James). Inclusive, los Evangelios podrían ser falsos, pero nos orientan en la vida. Por lo tanto, el cristianismo no es una teoría, sino una práctica. En 1949 llega a decir que el cristianismo es verdadero, y que toda filosofía que quiera hacerse cargo de él sería falsa (por eso desdeñaba tanto el querer poner en filosofía la religión, al igual que construir una teología). En 1950, un año antes de su muerte, decía que la vida educa para creer en Dios.

Como se ve, Wittgenstein llega a una postura emotivista, bastante equivocista, en la que se proclamaba en contra de pensar filosóficamente a Dios, incluso contra el hacer teología, y se quedaba en la vida mística y en el testimonio de la vida.

De manera parecida, Heidegger tiene una primera época univocista, la que culmina en su gran obra *El ser y el tiempo* (1927). Él había estudiado a Duns Escoto, el gran univocista de la Edad Media, sobre el que hizo su escrito de habilitación. También leyó a Brentano, el cual, aunque había estudiado la analogía aristotélica, prefirió la univocidad. Esa misma actitud encontró nuestro autor en sus profesores neokantianos y, sobre todo, en su gran maestro Husserl.

Heidegger buscó una ontología fundamental, que era muy parecida a la ontología formal de Escoto. Nuestro filósofo alemán menciona sólo de pasada, y en nota, la analogía de los tomistas (cita a Cayetano); pero no la utiliza, la deja de lado. Después de una malhadada aventura política en el partido nazi (en 1933), de la que se arrepiente, sufre una crisis e inicia lo que llama una "vuelta" al pensamiento original de los presocráticos. Nunca hubo "segunda parte" de *El ser y el tiempo*, aunque la había prometido.

Heidegger sostiene que ya el ser no se encuentra en la ontología ni en la metafísica, sino que canta en el poema. Va hacia los poetas (Hölderlin) y los místicos (Eckhart) y, además, a Nietzsche. En esa segunda época, Heidegger se caracteriza por un relativismo muy excesivo, parecido al del segundo Wittgenstein.

De origen católico, y habiendo estudiado teología, Heidegger se doctora y se habilita en filosofía y trata de obtener una cátedra de filosofía cristiana, que concedía la jerarquía católica. Al no recibirla, rompe con la Iglesia, aunque también y sobre todo por razones teóricas, como le dice en carta a su amigo el padre Engelbert Krebs. Siempre tuvo inquietud religiosa, y, aunque nunca se proclamó creyente, algunos años antes de su muerte dice a la revista *Der Spiegel* la famosa frase: "Sólo un dios puede salvarnos". Sin embargo, señalaba la separación de la religión (o teología) con respecto a la filosofía; no tienen nada que ver la una con la otra, como tampoco la ciencia y la religión. Pero, aunque no era ateo, nunca se supo si volvió a creer en Dios.[12]

Vemos que tanto Wittgenstein como Heidegger estuvieron cerca de la noción de analogía, pero no la alcanzaron. Habiendo comenzado en el ideal univocista, abandonaron esa pretensión, por resultarles inconseguible; y, después de esa frustración, se fueron al otro extremo, del equivocismo, sin lograr el equilibrio proporcional que da la analogía.

Por eso me parece muy conveniente la recuperación de la noción de analogía. La doctrina de la analogía tiene una larga historia, y ha servido para conocer lo que no tiene exactitud para nosotros. Por ejemplo, se ha usado para conocer a Dios y hablar de Él. Es lo que los místicos y los teólogos han empleado para no quedarse en la teología negativa, sino pasar a decir algo de Dios. La analogía sirve para no quedarse en el solo mostrar, que puede ser equívoco, sino para poder decir algo de la Trascendencia, aunque sin pretender la univocidad clara y distinta.

Hay otra experiencia contemporánea que nos hace pensar en la analogía, y es la filosofía latinoamericana. En ella se buscó algo muy importante: la justicia social. Era quitar la opresión de los pobres. Se usaba el análisis

[12] E. Colomer, *La cuestión de Dios en el pensamiento de Martin Heidegger*, México, UIA, 1995, pp. 32 y ss.

marxista; pero ahora se ha dejado de lado ese análisis, pues la situación ha cambiado mucho, con la globalización. Los teóricos dicen que esta última ya es imparable, y que lo que se puede hacer es pugnar porque sea incluyente, que no deje fuera a los menos favorecidos.

Uno de los instrumentos para construir esa filosofía latinoamericana fue la analogía. La utilizaron sobre todo Juan Carlos Scannone y Enrique Dussel. La empleaban en forma de analéctica, término que tomaban de Bernhard Lakebrink, Bruno Puntel y Heinrich Beck, quienes trataban de reflexionar sobre santo Tomás a partir de Hegel y a la inversa. Scannone la aplicó también a la filosofía de la religión, y Dussel a la filosofía política.[13]

Otro autor que me parece adecuado para reflexionar sobre la analogía es René Girard. Este antropólogo y filósofo, convertido al catolicismo, se aproxima a una hermenéutica analógica. Sostiene que en el ser humano hay un instinto de mímesis, de imitación. Desde niños imitamos para sobrevivir, pero también para vivir en sociedad, para identificarnos y diferenciarnos.

En el hombre hay deseo, sobre todo de ser, con los demás y desde los demás. Por eso imita a los otros, para tener identidad y diferencia. Pero no siempre la imitación o identificación con el otro es buena, pues puede producir envidia y rivalidad. (Esto se ve desde el niño pequeño, que cela a su padre, como lo señala el psicoanálisis.) Surge el deseo de apropiación y, con él, el conflicto.[14]

En efecto, la envidia engendra violencia. Es lo que narran los mitos: por ejemplo, el asesinato de Abel, muerto a manos de su hermano Caín, por celos. Esa violencia llega a la religión, pues muchas veces es sagrada. Es cuando surge el chivo expiatorio. La comunidad busca un culpable, para depositar en él esa violencia y librarse de ella. Lo cargan con esa culpabilidad, con los pecados de todos, y lo expulsan o lo matan. Pero él es inocente, es una injusticia.

---

13 E. Dussel, "Pensée analectique et en philosophie de la libération", en P. Gisel y Ph. Secretan (eds.), *Analogie et dialectique*, Ginebra, Éds. Labor et Fides, 1982, pp. 93 y ss.

14 R. Girard, "La violenza e il mito", en L. Lotito (ed.), *Il mito e la filosofia*, Milán, Bruno Mondadori, 2003, pp. 130 y ss.

Girard ve esto en las religiones, hasta en la judía. Pero en el cristianismo nota un cambio. En el Nuevo Testamento es Dios mismo el que se sacrifica, no hay un chivo expiatorio, sino un cordero sin mancha: Jesucristo, quien se entrega por las culpas de los demás, para acabar con la violencia y dar la paz. Esto abre la posibilidad de acabar con esa violencia sagrada.

En una discusión con Vattimo, que usa mucho a Girard, este último se muestra analógico, pues se opone al relativismo equivocista del primero.[15] Hay que superar el relativismo actual, pues conduce al nihilismo. Sin embargo, no cae en el univocismo del cientificismo, que también critica. Con todo, creo que se puede ir más lejos y aplicar la analogía a Girard, para buscar una mímesis que no sea unívoca y envidiosa, sino analógica y liberadora. Nos haría ver en el otro, al que se quiere imitar, no un ídolo, sino un ícono, lo cual es sumamente analógico. Así no hay frustración ni resentimiento, que son los que desatan la violencia.

Vemos ahí la utilidad de la analogía, aplicada a un autor que ha sido muy usado por los teólogos recientes, y no sólo por los filósofos. Eso también me ha conducido a ver la importancia de aplicar la analogía en la actualidad, a la filosofía y la teología, en forma de hermenéutica analógica, a la que paso a continuación.

Mi itinerario hacia la hermenéutica analógica

Aprendí la doctrina de la analogía en mis estudios de filosofía y teología en la orden de predicadores. Uno de mis profesores me orientó al estudio del padre Santiago Ramírez, que me aprovechó mucho.[16] Luego en 1973-1974, cuando estudié en la Facultad de Filosofía de la Universidad de Friburgo, Suiza, el padre Louis-Bertrand Geiger, gran medievalista, me hizo ver su importancia en Tomás y Eckhart.

---

15 R. Girard y G. Vattimo, *Verità o fede debole? Dialogo su cristianesimo e relativismo*, a cura di P. Antonello, Massa, Transeuropa, 2006, p. 30.

16 J. M. Ramírez, *De ordine placita quaedam thomistica*, Salamanca, BTE, 1963, pp. 17 y ss.; y *De analogía*, Madrid, CSIC, 1971, 4 vols.

Por su parte, el padre I. M. Bochenski, gran lógico polaco, había hecho esfuerzos por formalizarla con lógica matemática, en una lógica de la analogía.[17] En cambio, en teología me la hizo apreciar el padre Jean-Hervé Nicolas, quien tenía un libro intitulado *Dieu connu comme inconnu* (1966), en el que a pesar de su nombre no se quedaba en la teología negativa, sino que hablaba del juicio analógico como aquel que atribuía a un sujeto desconocido un predicado conocido. Ahí se trataba de Dios; por eso se preservaban las diferencias con distancia infinita y, sin embargo, había conocimiento de Él.

Por ese tiempo, la lectura de un artículo de Juan Carlos Scannone, de 1972, y otro de Enrique Dussel, de 1973, me hicieron ver que la analogía se podía dialectizar; esto es, dinamizar, y con ello se hacía más viva.[18] Ellos hablaban de la analéctica, planteada por Lakebrink, tomista y hegeliano. Éste usaba la analogía para abrir la dialéctica de Hegel. Scannone me remitió a José Gómez Caffarena, que había estudiado estos temas y a quien después conocí y traté.

Entre 1975 y 1976 pude hablar con Octavio Paz, el gran poeta mexicano, premio Nobel, que ponía la analogía como el núcleo de la poesía. Él la veía más del lado de la metáfora. En 1979 entré al Instituto de Investigaciones Filosóficas de la Universidad Nacional Autónoma de México (UNAM), donde imperaba la filosofía analítica, y quise trabajar en el proyecto de Bochenski de una lógica analógica, que acabé abandonando, para dedicarme a una hermenéutica analógica.

Aunque cultivaba la filosofía analítica, en teología había usado a Paul Ricoeur, y por eso me fui orientando hacia la hermenéutica. En 1987 pude hablar con este pensador francés, en un congreso acerca de su obra, en Granada. Él me animó a seguir con la noción de analogía, tema que había estudiado en *La simbólica del mal y en La metáfora viva*. En 1991 pasé al Instituto de Investigaciones Filológicas de la UNAM, a coordinar el Centro de Estudios

---

17 I. M. Bochenski, "On Analogy", en *The Thomist*, núm. 11, 1948, pp. 474 y ss.; el mismo, *La lógica de la religión*, Buenos Aires, Paidós, 1975, pp. 158 y ss.

18 J. C. Scannone, "La liberación latinoamericana. Ontología del proceso auténticamente liberador", en *Stromata*, núm. 27, 1972, pp. 107 y ss.; y E. Dussel, "El método analéctico y la liberación latinoamericana", en R. Ardiles y otros, *Hacia una filosofía de la liberación latinoamericana*, Buenos Aires, Bonum, 1973, pp. 125 y ss.

Clásicos. Allí traduje del latín textos filosóficos novohispanos y estudié a autores de esa época, singularmente a Bartolomé de las Casas, quien usaba la analogía para comprender la cultura indígena.

En 1993 lancé la propuesta de la hermenéutica analógica en un Congreso Nacional de Filosofía, realizado en la ciudad de Cuernavaca por la Asociación Filosófica de México.

Desde entonces la he trabajado en equipo; se han hecho varias aportaciones por miembros de ese grupo o movimiento. La hermenéutica analógica ha recibido también críticas muy benéficas, de varios prominentes hermeneutas. Entre otros, Emerich Coreth (1996), Eugenio Trías (1999), Gianni Vattimo (2004) y Jean Grondin (2007). Todos ellos me han ayudado a fortalecer teóricamente la propuesta y a que se aplique adecuadamente en la práctica.

Conclusión

Desearía que nuestro recorrido anterior nos haya hecho ver la importancia y conveniencia del concepto de la analogía para la filosofía actual, sobre todo en forma de hermenéutica analógica.[19] Podemos realizar mejor nuestros estudios filosóficos implementando una hermenéutica analógica que nos evite la distensión inaceptable de la hermenéutica entre la univocidad y la equivocidad. Esa bipolaridad se ha dado recientemente entre la filosofía analítica y la filosofía posmoderna.

Por ejemplo, en la filosofía de la religión encontramos posturas univocistas y equivocistas. Las primeras, en su diálogo con la modernidad, se contagian de su cientificismo; las segundas, en su diálogo con la posmodernidad, se contagian de su relativismo excesivo. Pero contamos con una gran tradición de filosofía de la religión analógica. Es la que, con santo Tomás de Aquino, recupera ese ideal de analogicidad. Hay que recobrarla y asumirla, pero actualizándola siempre.

[19] Véase M. Beuchot, *Filosofía de la religión*, México, Universidad Iberoamericana, 2009, pp. 32 y ss.

CAPÍTULO II

Las humanidades y su enseñanza vistas desde la hermenéutica filosófica

Introducción

En este capítulo me interesará examinar el lugar que tienen las humanidades en la universidad y el sitio que ocupa la hermenéutica frente a estas disciplinas. Es sabido que en ellas lo principal que hacemos es interpretar textos. Y la hermenéutica es la teoría de la interpretación y comprensión de los textos. Por eso tiene un papel relevante que desempeñar en el contexto de estos saberes.

Pero hemos de tener cuidado con qué tipo de hermenéutica escogemos para usar en las humanidades. Si les aplicamos una hermenéutica unívoca, las ahogamos; si una hermenéutica equívoca, las diluimos; por eso hay que hacerlo con una hermenéutica analógica, que no tenga ni la rigidez de la primera ni la blandura de la segunda. Con ello podremos tener una postura intermedia y mediadora, que nos dé la posibilidad de comprender al ser humano, que tal es el cometido, en el fondo, de las humanidades. Ellas procuran la comprensión del hombre, lo tienen como objeto de estudio para encontrar caminos hacia su perfeccionamiento.

Las humanidades y la universidad

Cada vez va teniendo más presencia en las universidades el conjunto de saberes que denominamos humanidades. Éstas reciben su nombre de las *litterae humaniores* o *studia humanitatis* de los humanistas renacentistas,[1] que así recuperaban las disciplinas humanas de los griegos y, sobre todo, romanos. El *trivium* con la gramática, la lógica y la retórica; el *quadrivium* con la aritmética, la geometría, la astronomía y la música; pero también la filosofía con todas sus ramas. Durante la Edad Media formaron el núcleo fuerte de la universidad. Después irían surgiendo las humanidades que conocemos ahora: la literatura, la historia, el derecho, la política, la sociología, la antropología, etcétera.

Al principio era el filósofo el que las asumía. Hacia el siglo XIX ya estaban constituidas prácticamente en su totalidad. Y ahora han pasado por varias crisis. Por eso es muy importante reflexionar sobre ellas y su posición en la universidad y en la sociedad, para así plantearnos el problema de la educación correspondiente.[2]

Entiendo aquí por "educación" no solamente la enseñanza y el aprendizaje, que suelen reducirse a la didáctica, sino principalmente como formación, en lo que insiste tanto Gadamer.[3] Es algo que se lleva a cabo entre todos en la universidad.

En efecto, si queremos atender no solamente a los juegos de intereses (sobre todo económicos), sino a algo benéfico para la sociedad, hay que dejar lugar a las humanidades, que son las más desprotegidas en esa tormenta de lo económico.

Por eso el mismo Jacques Derrida hacía un llamado a una universidad sin condición; esto es, sin condicionamientos sociales, y que dejara en libertad incondicional para cuestionamientos de todo tipo; una educación crítica, como la que acompaña siempre a las humanidades.[4] Pero hay que incitar no sólo a criticar, sino también a construir, sobre todo a proponer creativamente para nuestra sociedad.

---

1 R. F. Arnold, *Cultura del renacimiento*, Barcelona, Labor, 1949 (reimpr.), pp. 34 y ss.; A. Chastel y R. Klein, *El humanismo*, Estella, Salvat-Alianza, 1971, pp. 32 y ss.

2 L. Flamarique, "Enseñanza de la filosofía. Apuntes para la universidad del siglo XXI", en *Pensamiento y cultura*, vol. 11, núm. 1, julio, 2008, pp. 95-112.

3 H.-G. Gadamer, *La educación es educarse*, Barcelona, Paidós, 2000, pp. 9 y ss.

4 J. Derrida, *Universidad sin condición, Madrid*, Trotta, 2002, p. 14.

El propio Derrida asegura que en una universidad así, incondicional, surgirán *nuevas humanidades*. No van a estar en función de lo que a la universidad demande el mercado, sino que procurará más bien formar una comunidad de investigadores científicos. Pero hay que propiciar que no solamente se desarrollen las ciencias, sino toda una filosofía de la ciencia que señale sus alcances, límites y, especialmente, el puesto que han de ocupar en el todo social.

Esta actividad académica posee capacidad reflexiva, conocimiento racional frente a toda la irracionalidad que se ha desatado. Y tiene que crear comunicación entre todas las disciplinas que se cultivan en su seno. Alejandro Llano habla de una nueva sensibilidad, que viene con la posmodernidad,[5] y ésta exige que se tengan otros criterios para clasificar los saberes; ya no en los compartimentos estancos que antes se tenían.[6] Por cierto que en la articulación de los saberes la filosofía ha tenido un papel principal y, dentro de ella, la hermenéutica.

Las humanidades han sido las educadoras del hombre, pero también debemos atender a la manera en que tienen que ser enseñadas. Allí es donde encontramos la presencia de la filosofía y de la hermenéutica. La filosofía ha sido, dentro de las humanidades, como el analogado principal, como la ciencia rectora, la que traza el camino y señala su lugar a las demás disciplinas. Lo hace en su rama de la filosofía de la ciencia, concretamente filosofía de las ciencias humanas, o ciencias sociales, o humanidades.

Las humanidades y la filosofía

De ahí que la filosofía misma tenga que ponerse a la altura de los nuevos cambios sociales. Sólo así se podrá lograr que la filosofía vuelva a tomar las riendas y a recobrar el papel de líder que le correspondía desde sus inicios.

5 A. Llano, *La nueva sensibilidad*, Madrid, Espasa-Calpe, 1988, pp. 63 y ss.

6 El mismo, *Repensar la universidad. La universidad ante lo nuevo*, Madrid, Eiunsa, 2003, p. 97.

Legitimar y hacer avanzar el conocimiento. Ya han pasado suficientes crisis, que le han cuestionado su universalidad y su papel de fundamentación.

Claro que todo depende de la idea que se tenga de la filosofía. José Gaos, siguiendo a autores alemanes, habló de una filosofía de la filosofía, y más recientemente se habla de metafilosofía, que es la reflexión sobre el objeto, método y papel de la filosofía misma.

En la actualidad suelen mostrarse dos corrientes filosóficas principales, por lo menos, con mucha presencia. Una es la filosofía analítica y la otra es la filosofía continental, a veces también llamada posmoderna. La primera es poco dada a la historia de la filosofía; tengo amigos que han estudiado en Oxford, y uno de ellos me decía que les pedían de tarea escribir un ensayo, por ejemplo, sobre la libertad sin citar a nadie.

En cambio, los continentales y posmodernos son muy dados a la historia de la filosofía, hasta el punto de diluir la filosofía en su historia. Así, se decía que hay posmodernos que se especializan en hacer historia de la filosofía, sobre todo para destruirla. Por eso hay filósofos que dan la impresión de haber leído todo en su ramo, como Heidegger, y otros que dan la impresión de no haber leído nada, como Wittgenstein.

También podría usarse la clasificación que hace mi amigo Walter Redmond, de filosofía sublacionista (que busca la superación) y filosofía argumentativa.[7] La primera sigue a Hegel, y piensa que todo lo anterior está superado, y que ya no sirve, ya no es verdadero. En cambio, la segunda atiende al argumento, independientemente de la época, de modo que un argumento de Parménides puede ser tan valioso o más que uno de Quine o del último lógico matemático. La filosofía continental y posmoderna suele ser sublacionista, y cree que lo pasado ya no tiene vigencia; y la filosofía analítica suele ser argumentativa, concediendo valor al argumento bueno, sin fijarse en quién lo ofrece ni en qué época.

Creo que estas polarizaciones son excesivas, y que conviene buscar términos medios, mediaciones entre ellos. El reducir la filosofía a su historia

[7] W. Redmond, "Filosofía tradicional y pensamiento latinoamericano. Superación y vigencia", en *Prometeo*, núm. 2, 1985, pp. 43-57.

nos deja sin propuestas; y el hacer la filosofía sin tomar en cuenta su historia nos hace desperdiciar otras búsquedas y nos lleva a repetir errores ya corregidos. Es indispensable el estudio de la historia de la filosofía, pero hay que ir más allá para proponer algo que haga avanzar.

Tampoco es sostenible el sublacionismo puro, en el sentido de que todo lo anterior está fenecido y sólo vale lo nuevo, que ya desplazó a lo pretérito, pues precisamente estudiamos la historia de la filosofía para aprovechar preguntas que se han planteado, y el modo en que se han hecho, así como respuestas que se pueden potenciar. Pero tampoco es sostenible el argumentativismo, pues la argumentación se da siempre situada en el tiempo, en la historia, y la tiene como contexto. Hay que superar el superacionismo, y evitar condenar algo como falso porque ya pasó, y valorar el argumento por su propia fuerza lógica; sin embargo, debe estudiarse y justipreciarse en su contexto histórico cultural, tal como nos lo enseña la hermenéutica.

Y, sobre todo, una hermenéutica analógica nos ayuda a no quedarnos en el argumentativismo unívoco ni en el sublacionismo equívoco, sino a adoptar una actitud analógica, mediadora, que busque la proporción de cada uno de esos factores en la medida en que tiene que tomarse en cuenta. Por ejemplo, en la línea analítica, Ryle fue muy argumentativo y también buen conocedor de la historia. En el ámbito posmoderno, Deleuze fue un excelente estudioso de la historia, y de ella iba sacando inspiración para hacer una síntesis, dentro de lo que él llamaba "voluntad de sistema". Esto es, de conocimiento del contexto y de trabajo propositivo.

Alguien muy analógico, que se movió entre la filosofía analítica y la filosofía posmoderna ha sido Alasdair MacIntyre, quien todo lo presentaba dentro de una narración histórica, pero, sin quedarse en la mera narratología, avanzaba a proponer teorías filosóficas y a argumentarlas. Es decir, equilibraba proporcionalmente (o analógicamente) el lado histórico y el lado sistemático del hacer filosofía.

Asimismo, se dice que los continentales son sistemáticos, o sintéticos; mientras que los analíticos se niegan a construir sistema y se dedican al examen minucioso del lenguaje (*piecemeal analysis*).[8] Hay que equilibrar esos extremos. A veces, los analíticos se quedan en el trabajo por menudo, pero demasiado reducido; en cambio, en otras ocasiones los posmodernos lanzan teorías inmensas, pero sin el trabajo que sería necesario y suficiente; son muy eruditos y citan a muchos autores o autoridades, pero escasea el rigor lógico que uno esperaría; les falta fuerza argumentativa. Hay que combinar ambas cosas, en una dialéctica que es la analógica.

Las humanidades y la hermenéutica

También creo que, para lograr ese equilibrio, hace falta acudir a la hermenéutica. Hay un autor que me parece que alcanza tal equilibrio, y es el hermeneuta Paul Ricoeur. Él tuvo un aprecio muy grande y un conocimiento muy amplio de la historia, como formado en la filosofía continental, pero también tenía un gran aprecio por el argumento, por el diálogo tan estrecho que mantuvo con la filosofía analítica. Es un ejemplo o modelo de equilibrio, de mesura y prudencia. Es un paradigma de esa hermenéutica analógica, aplicada al quehacer filosófico que estamos buscando.

Se ha hablado de un derecho a filosofar. Cuando se trata de las humanidades, se presenta el problema de la propia filosofía. Ella ha pasado por muchas crisis. Algunos incluso hablan de la muerte de esta disciplina. Simplemente, Wittgenstein y Heidegger señalan el agotamiento de la filosofía, una larga muerte, por haber quedado exhausta. La filosofía está vacía, ya no tiene nada que hacer.

Esto es notorio especialmente en Heidegger y la mayoría de sus seguidores. Estos últimos piensan que aquél dejó la filosofía para ir al pensar, a un pensar prefilosófico, o premetafísico por lo menos, que entronca con los presocráticos, como Anaximandro; pero también se refugió en la poesía, como la de Hölderlin, y la mística, como la de Eckhart, e incluso en el nihilismo, como el de Nietzsche.

[8] A. Tomasini Bassols, *Filosofía analítica. Un panorama*, México, Plaza y Valdés, 2004, pp. 11-12.

En el caso de Wittgenstein esto no es tan claro. Algunos de sus seguidores dicen que, en su segunda época, este pensador canceló la posibilidad de la filosofía con su concepción "terapéutica" de la misma, entendida como análisis lingüístico para detectar falsos problemas y disolver (no resolver) los pocos problemas válidos (la mayoría son pseudoproblemas). En cambio, otros seguidores suyos, o que se inspiran en él, como Hilary Putnam, consideran que el filósofo austríaco no pretendía acabar con la filosofía, sino depurarla y hacer que evitara lo más posible los problemas inútiles.[9]

Lo importante es que la filosofía continúa, y con mucha vitalidad. Es cierto que en estos tiempos antimodernos se dedica mucho esfuerzo a frenar las críticas de la razón hechas por los pensadores posmodernos, y se ha logrado tener una racionalidad moderada, no racionalista; pero tampoco un irracionalismo, como a veces se ha acusado a la posmodernidad.

Una cosa muy importante es que Alain Badiou ha defendido desde finales de los ochenta la racionalidad como lo propio de la filosofía.[10] Él fue seguidor de Deleuze, y se esperaría que fuera un posmoderno antimoderno, crítico de la razón, que la atacara como la mayoría de ellos. Pero no; sostiene que la filosofía tiene como propio la razón. Ha defendido la razón en la filosofía, casi como lo han hecho los filósofos analíticos, por ejemplo Nicholas Rescher, quien ha velado por la razón como nuestro mejor instrumento para adaptarnos a la realidad.[11]

Por otra parte, el que más ha criticado la filosofía occidental como logocentrista ha sido Derrida. Y, según la interpretación de alguien muy cercano a él, Maurizio Ferraris, el filósofo francés al final de su trayectoria se acercó mucho al realismo, y reconoció la necesidad de la ontología, que es el núcleo de la filosofía. Ferraris dice haber tratado mucho con Derrida estos problemas al final de la vida de éste, y que se veía su acercamiento al realismo, con el uso de la razón en el discurso filosófico.

---

9 H. Putnam, *El pragmatismo. Un debate abierto*, Barcelona, Paidós, 1997, p. 45.

10 A. Badiou, *Manifiesto por la filosofía*, Madrid, Cátedra, 1989, pp. 18 y ss.

11 N. Rescher, *Philosophical Reasoning. A Study on the Methodology of Philosophy*, Oxford, Blackwell, 2001, p. 1.

Esto repercute en la enseñanza de la filosofía y de las humanidades en la universidad. Pues, si la filosofía cae en descrédito, en las universidades se cuestiona su enseñanza. Se cierran facultades, departamentos y escuelas de filosofía, como ha sucedido en este país. Se imponen los intereses económicos y políticos, y se ven con menosprecio las humanidades.

Si atendemos a la distinción de Habermas entre razón instrumental y razón ética, más humana, esta última es la que se considera como la racionalidad humanista de la sociedad, pues la razón instrumental la cumplen con exactitud las ciencias y las técnicas. Pero hace falta esta racionalidad humana o filosófica para dar sentido a todo lo que hacemos en la vida.

Las humanidades y su enseñanza

En cuanto a la enseñanza de las humanidades, habrá sin duda diferencias. Pero en el caso de la filosofía es claro que ella necesita ser enseñada en el diálogo. Es el diálogo filosófico el que resulta más propicio para esa disciplina.

Y eso tiene mucha relación con la hermenéutica. En efecto, según el gran hermeneuta Hans-Georg Gadamer, la interpretación es altamente dialógica.[12] Se realiza en el diálogo. En primer lugar, porque hay siempre una comunidad interpretativa a la que tenemos que presentar nuestra interpretación; sus miembros, sobre todo la élite o los maestros, nos van a exigir argumentar nuestra interpretación, y con todo derecho, pues al que propone una interpretación, sobre todo si es nueva o disidente de las anteriores, le toca apoyarla con argumentos. No se puede aceptar *a priori* una interpretación nueva, como tampoco se puede rechazar *a priori* la anterior, sino que hay que usar el diálogo argumentativo para que se pueda aceptar.

Mucho más se requiere esto en el caso de la filosofía. Por lo general, en filosofía trabajamos interpretando textos de los autores clásicos: Platón, Aristóteles, santo Tomás, Leibniz, Hegel, etcétera. Suele pedirse que en una

---

[12] H.-G. Gadamer, *Verdad y método*, Salamanca, Sígueme, 1977, pp. 446 y ss.

tesis de licenciatura se logre comprender bien a un autor, o un problema a través de ese autor. Una tesis de maestría lleva una mayor profundización en ese autor o en un problema filosófico. Y para una tesis de doctorado suele pedirse alguna aportación original a un problema filosófico, lo cual a veces se presta a ambigüedades. Pero incluso allí, cuando abordamos un problema, lo hacemos a través de los autores que lo han tratado; no partimos de cero, sino que se nos exige atender a los que sobresalieron en eso. No vaya a ser que repitamos errores ya corregidos, e incluso nos sirven de inspiración para las soluciones los acercamientos que ellos han realizado. Y ahí volvemos a la interpretación de textos filosóficos. Inclusive podemos pensar, como Heidegger, que aplicamos la hermenéutica a la realidad, como hermenéutica de la facticidad, según él la llamaba.[13] Y ver la realidad como un texto, cuya interpretación filosófica tenemos que lograr.

Por eso en la enseñanza de la filosofía es tan importante la utilización de la hermenéutica, que enseña a interpretar textos (sean escritos, hablados o actuados), y hacerlo en el diálogo con la comunidad de interpretación, con un auténtico diálogo filosófico.

En síntesis, las humanidades tienen como una de sus ramas la filosofía, la cual es el analogado principal de éstas. Y ella se vale de esa rama suya que es la hermenéutica, como instrumento de la interpretación de textos, que es lo que prioritariamente hacemos en esta área del conocimiento. Por eso la enseñanza de la filosofía tiene como propio el modo de enseñar de la hermenéutica, la cual —según Gadamer— no puede ejercerse sin el diálogo; por ello resulta tan importante el diálogo filosófico en la enseñanza de la filosofía.

Hermenéutica y lenguaje

Además, en esta época tenemos que pensar la hermenéutica en relación con la filosofía del lenguaje, si no es que como una filosofía del lenguaje por

[13] M. Heidegger, *Ontología. Hermenéutica de la facticidad*, Madrid, Alianza, 1999, pp. 62 y ss.

derecho propio. En efecto, no sólo se ha hablado de un giro lingüístico en la filosofía, que ya lleva mucho tiempo, sino que el lenguaje es un tema inevitable de la reflexión filosófica.[14]

Así sucedió con la filosofía analítica, desde los comienzos del siglo XX y su primera mitad, corriente filosófica que adoptaba precisamente como método el análisis lingüístico. A mediados del mismo siglo se estableció la filosofía estructuralista, que iba acompañada de la lingüística estructural, y que aplicaba este modelo a todas las demás ciencias humanas, por ejemplo, a la antropología, la psicología, etcétera. Y un poco después, en el mismo siglo pasado, se dio la hermenéutica, principalmente con autores como Hans-Georg Gadamer y Paul Ricoeur.

Por otra parte, en esto que llamamos tardomodernidad o posmodernidad, Vattimo ha dicho que la hermenéutica es el lenguaje común de la filosofía reciente,[15] y debido a eso la que está ahora muy presente para el estudio del lenguaje es la hermenéutica misma. Más aún, la hermenéutica se ha vuelto paradigma para las ciencias humanas, así como antes lo fue el estructuralismo, y ahora usan la interpretación y la comprensión la antropología, la psicología y la historia, por mencionar sólo a algunas de ellas que antes usaban la metodología estructural.

Aunque los hermeneutas rehúyen la palabra "método" o "metodología", puede verse la hermenéutica como un instrumento conceptual que se usa mucho en las ciencias humanas o sociales, en las humanidades. Nos hace ver el objeto de estudio como un texto, ya que la hermenéutica misma es la disciplina de la interpretación, justamente de textos; pero por "texto" ya no se entiende sólo el escrito, sino también el hablado e incluso la acción significativa, que es precisamente lo que se estudia en las humanidades.

Por ejemplo, vemos que, así como el estructuralismo se aplicó a la literatura, ahora se aplica la hermenéutica, y lo mismo puede decirse de la

14 R. Rorty, "Introduction. Metaphilosophical Difficulties of Linguistic Philosophy", en el mismo (ed.), *The Linguistic Turn. Recent Essays in Philosophical Method*, Chicago y Londres, The University of Chicago Press, Phoenix Books, 1970 (reimpr.), pp. 38-39.

15 G. Vattimo, *Ética de la interpretación*, Barcelona, Paidós, 1991, pp. 55 y ss.

historia, la psicología, la antropología y el derecho, para no ser prolijos y sólo referirnos a algunas de ellas.

La hermenéutica ha llegado a ser, poco a poco, la filosofía del lenguaje. Inclusive, gracias a Ricoeur, se benefició del diálogo con el estructuralismo y con la filosofía analítica, incorporando lo mejor de sus contribuciones.[16] Y, sobre todo, ahora se nos manifiesta como una disciplina de la comprensión de los significados de los textos. Es decir, al tener que ver con el significado, está en la línea de la filosofía del lenguaje, tiene al lenguaje por modelo.

La hermenéutica ha llegado a ser, también, como lo vemos en muchos ámbitos, la *episteme*, como diría Foucault, o la forma típica de hacer filosofía en este tiempo llamado de posmodernidad. Está muy presente en la escena filosófica actual, y por eso hay que trabajar el lenguaje a trasluz de la hermenéutica, la cual es ahora el lenguaje común o la *koiné* típica de nuestro tiempo: el paradigma científico más propio de las humanidades.

Con todo, si bien la hermenéutica se ha posesionado del panorama mundial de la filosofía, vemos que la hermenéutica está tensionada dolorosamente por corrientes cientificistas, positivistas o unívocas, y por corrientes relativistas, posmodernistas o equívocas; y se requiere una mediación, un término medio prudencial. Vemos, así, la hermenéutica como algo bipolar, distendida entre el univocismo y el equivocismo, y ya se necesita y se desea una postura analógica.

Por eso me parece muy necesaria la utilización de la hermenéutica analógica para abordar teóricamente el problema filosófico del lenguaje.[17] Dicha hermenéutica puede proporcionar elementos de análisis adecuados para comprender la estructura y la función de la lengua, y así tener una filosofía del lenguaje completa edificada a partir de la hermenéutica.

La oportunidad de la hermenéutica analógica que mencionamos resultará evidente a cualquiera que considere la actualidad que hemos

16 P. Ricoeur, "Entre hermenéutica y semiótica", en *Escritos*, núm. 7, Puebla, México, ene-jun, 1991, pp. 79-94.

17 M. Beuchot, *Tratado de hermenéutica analógica. Hacia un nuevo modelo de la interpretación*, México, UNAM-Ítaca, 2009 (4a ed.), pp. 167 y ss.

atribuido a la hermenéutica, y —a la vista de la pugna entre hermenéuticas extremas que vemos en nuestro momento— estará de acuerdo con nosotros en que resulta necesaria una hermenéutica analógica que evite los excesos de las hermenéuticas unívocas, que fueron las de la modernidad, y las hermenéuticas equívocas, que son las de la posmodernidad. Hay que tener una hermenéutica crítica, como pedía el propio Foucault, y por eso tenemos que superar esas hermenéuticas demasiado cerradas o muy abiertas, que no hacen ningún bien a la filosofía del lenguaje.

Una hermenéutica analógica es la que nos podrá sacar del *impasse* o callejón sin salida en el que se han encerrado las humanidades hoy en día. Jaloneadas por las posturas univocistas y las equivocistas, han llegado a un punto en el que no hay avance, y ya se siente más bien un cansancio y hartazgo de esa situación. Es preciso salir a terrenos más promisorios, abrir caminos, explorar senderos desconocidos; y allí está la hermenéutica analógica, para ayudarnos y guiarnos en ese caminar.

Conclusión

Hemos podido darnos cuenta de la importancia de las humanidades para la universidad. También de la relevancia que tiene la filosofía para ellas, como *scientia rectrix*, como una especie de directora de las mismas. Y esto lo hace singularmente con la hermenéutica, pues esta rama suya se encarga de la comprensión de los trabajos del hombre, entre ellos el del saber. Por eso ha de determinar el peso que tienen las humanidades y, como en la interdisciplina, debe ser capaz de asignar a cada una su lugar de importancia. Esto es lo que se ha hecho usualmente, en toda una tradición.

Pero vimos también que hemos de tener cuidado con qué tipo de hermenéutica elegimos para las humanidades, ya que no podemos entregarlas a una hermenéutica unívoca, que amenaza con ahogarlas, por falta de espacio para vivir; ni tampoco a una hermenéutica equívoca, que las disuelve, pues las atomiza con su falta de rigor y de seriedad.

Se requiere una hermenéutica analógica, que aprenda de la unívoca la seriedad, y de la equívoca la apertura, pero sin caer en los excesos de cada una de éstas. Ella nos dará la capacidad de comprender con las humanidades al ser humano, sin rigorismos univocistas ni laxismos equivocistas, sino en la mediación analógica, en ese punto medio que es el de la *phrónesis* o prudencia, y que es, precisamente, donde encontramos mejor al hombre.

Capítulo III

La ética y su proceso histórico

Introducción

En este capítulo me propongo delinear una definición o, por lo menos, caracterización de la ética. Lo haré siguiendo algunos hitos de su transcurrir histórico. Es decir, extraeré lecciones sobre los rasgos fundamentales de la ética que nos aportan tanto las grandes corrientes como pensadores de esta disciplina filosófica en la historia occidental. Atender a su marcha en el tiempo es benéfico por muchos motivos. En primer lugar, porque la filosofía —tal vez a diferencia de otros modos de saber, como las ciencias— mira mucho hacia su trayectoria, ya que varios de los problemas siguen teniendo vigencia, y resulta ilustrativo atender a los modos en que fueron planteados y a las respuestas que se les han dado. Eso nos ayudará a plantear mejor dichas cuestiones y a tratar de darles soluciones más cuidadosas y adecuadas.

Además, trataré de aplicar la filosofía de la historia a la ética o filosofía moral. Es decir, intentaré establecer una interpretación de ese decurso histórico. En esa filosofía de la historia de la ética, procuraré hacer ver que la filosofía moral ha pasado por un proceso en el que han luchado las posturas univocistas —de una ética rígida, racionalista y legalista— con las equivocistas —de una ética demasiado abierta, relativista y subjetivista—; pero ha hecho falta una ética analógica, moderada y prudencial, la cual en pocas ocasiones se ha alcanzado, y por eso hemos de seguir luchando para conseguirla.[1] Eso nos conducirá a entender mejor la ética en sí misma, así como sus aplicaciones a temas más concretos y perentorios.

La ética

La ética o filosofía moral es la rama de la filosofía que estudia el comportamiento humano desde el punto de vista del bien y del mal en nuestra vida individual y social. Trata de ver las razones por las que hacemos esto o aquello, acciones que tienen repercusión en los demás y, por consiguiente, una responsabilidad.[2] Se trata de una responsabilidad moral, no jurídica; es decir, se relaciona con nuestra conciencia moral, no con un juez o un policía.

Así, pues, si la ética es la disciplina filosófica que tiene que ver con lo que pensamos que debemos hacer —esto es, cómo debemos actuar—, resulta que toda sociedad tiene su ética o, si se prefiere, su moral. Precisamente empezamos a hacer verdadera filosofía moral o ética cuando cuestionamos esa moral recibida, para adoptar ciertas cosas de ella y cambiar otras. Esa filosofía moral o ética ha sido siempre una de las principales ramas de la filosofía. De ahí su importancia.

El haber sido planteados en el pasado, y haber intentado darles respuesta, es una riqueza de experiencia que nos queda a través de los problemas. Es tomar la historia como maestra de la vida, según la frase de Cicerón; sobre todo porque la experiencia nos hace aprender de los errores mismos, y, mucho más, de los aciertos que en ella encontramos.

Siendo la ética un saber tan fundamental, por lo necesario que es para la conducta, y siendo una de las áreas en las que más se ha trabajado filosóficamente, su historia es muy rica, y atender a ella muy benéfico y aleccionador. Espero colaborar en esto con el presente trabajo.[3]

---

1 M. Beuchot, *Ética*, México, Ed. Torres, 2004, pp. 71 y ss.

2 B. Williams, *Introducción a la ética*, Madrid, Cátedra, 1982, pp. 24-26.

3 Véase con más amplitud en M. Beuchot, *Breve historia de la ética*, México, Torres, 2010, pp. 9 y ss.

Como se sabe, la metafísica, basándose en la ontología y, sobre todo, en la aplicación de ésta a la persona, que es la antropología filosófica o filosofía del hombre, está en la base de la ética. En efecto, según la idea del hombre que se tenga, será la ética que se adopte para él. Hasta hace poco se hablaba de que, al basar la ética en la filosofía del hombre, se cometía una falacia naturalista (Hume, Moore, etcétera), de obtener el deber ser a partir del ser, o la valoración a partir de la descripción; pero recientemente ha habido conciencia de que no hay tal y de que, al contrario, tiene que darse ese proceso (Ricoeur, Putnam, Dussel, Moulines, entre otros), pues es lo que hacemos continuamente. Por tanto, ya no se hace ese reparo, y más bien se exige que la ética vaya basada en una descripción de lo que se cree que es la naturaleza del hombre o, por lo menos, la condición humana.[4]

Hitos de la historia de la ética

En la ética griega vemos que en las principales doctrinas (Sócrates, Platón, Aristóteles, epicúreos, estoicos y neoplatónicos) es la razón o *logos* lo que conduce al fin o bien que es propuesto como felicidad.[5] Ese *logos* es tanto razón como proporción, mesura, orden o armonía; es decir, en definitiva, analogía o *ana-logos*. En efecto, las virtudes que se proponen como instrumentos, que son las que brotaron de los pitagóricos (prudencia o sabiduría, templanza, fortaleza y justicia) tienen una estructura calcada de la analogía o proporción, esto es, consisten en el término medio, que efectúa un equilibrio dinámico y muy difícil entre los extremos de las acciones, y que llevan a vivir en armonía con el cosmos, a saber, en un orden de la naturaleza, sobre todo de la naturaleza racional, es decir, de la razón animada por el bien, la recta razón (*orthos logos*).

Esto es algo que se está recuperando poco a poco en nuestros días, y por ello esta reflexión sobre las doctrinas morales de los filósofos griegos

4 H. Putnam, *El desplome de la dicotomía hecho-valor y otros ensayos*, Barcelona, Paidós, 2004, pp. 166-167.

5 L. Robin, *La morale antique*, París, PUF, 1963, pp. 15-17.

resulta aleccionadora para nuestros tiempos. Ha habido diferentes consideraciones de esto en las distintas épocas. Los griegos iniciaron esta idea e ideal de la virtud; fue recogido por los medievales; sobrevivió, a duras penas y casi amortecido, en la edad moderna, y en la contemporánea comienza a regresar. En efecto, muchos filósofos morales en la actualidad recurren de nuevo a una ética de virtudes, esto es, acuden a las virtudes para vertebrar una ética que vaya más allá de la sola ley, de la mera regla, para dejar su impronta en el ser humano, en sus estructuras profundas, ontológicas, que es lo que se siente que vale y que es lo que ahora se está necesitando.

También se tenía, entre los griegos, una ética basada en la naturaleza humana, lo que se llamaba ley natural. En la modernidad, con Hume, se consideró que esto era un paso en falso, a saber, fundar el deber ser en el ser, o pasar de la descripción a la valoración (la falacia naturalista); pero ahora se está dejando de ver como un paso falaz y se está aceptando que es no sólo un paso posible o válido, sino necesario: conocer al hombre para ver qué ética se le va a entregar. Y en esto también encontramos la analogía, pues es la sensibilidad para percibir que la ética no se impone *a priori*, sino que se saca, *a posteriori*, de nuestro conocimiento de nosotros mismos.

En la Edad Media vemos, en todas sus fases, una oscilación entre las éticas de la ley, que tienden al univocismo, y las éticas de la virtud, que tienden al equivocismo, porque dan excesivo predominio al sentimiento sobre la razón o el intelecto. Esto último se ve en san Agustín, que opta por la virtud regida por el amor. En cambio, el predominio de la ley lo muestran tanto san Anselmo como Pedro Abelardo, a pesar de tener supuestos ontológicos tan distintos. Y el equilibrio analógico entre ese univocismo y ese equivocismo éticos se encuentra en santo Tomás de Aquino, quien procura dar cabida tanto a la virtud como a la ley, pues la primera es orientada por la segunda, y esta última es una plasmación de la razón.[6]

Pero este equilibrio analógico se pierde, y con Ockham se vuelve a la ley, debido al univocismo que resulta de su nominalismo, el cual, por su

---

[6] Un excelente resumen de la doctrina moral del Aquinate es É. Gilson, *Santo Tomás de Aquino*, Madrid, Aguilar, 1944, pp. 204 y ss.

rechazo de la metafísica, tiende al logicismo (precursor del racionalismo) y, por su hincapié en lo individual y concreto, se inclina al cientificismo (precursor del empirismo).[7]

Esto nos hace ver que la proclividad a la ley nos conduce al legalismo, que es el univocismo en moral, el dominio de la ley o los principios que se hacen imperativos; en cambio, el privilegiar demasiado las virtudes, dado que tienen un componente no racional o no consciente, corre el peligro de llevar al equivocismo, en el que no se sabe bien a bien cómo se forman las virtudes, y su adquisición queda supeditada en exceso a la intuición, a la imaginación y aun al solo sentimiento o al voluntarismo desmedido. Por eso es necesaria una síntesis analógica, en la que se concuerden la ley y las virtudes.

Ciertamente la cabida que se dará en ella a las leyes o principios será moderada: pocas leyes y bien claras; mientras que el predominio se concederá a la formación de virtudes, que sigue más el ejemplo, modelo o paradigma, y tiene su parte inconsciente y hasta no racional, pero ajustada a esa parte racional y consciente que es dada por el señalamiento de la ley, aunque sea moderado. De esta manera se da un acuerdo entre ambas corrientes, igualmente importantes para la estructuración de la vida moral o ética.

En la modernidad, se vuelve a ver el univocismo de la moral ya en su vertiente empirista, en Hobbes, puesto que continúa el voluntarismo de Ockham y lo lleva a la eclosión en su absolutismo monárquico; pero, sobre todo, en el lado racionalista, ese univocismo se ve en Spinoza, que desea dar a la ética un método axiomático-deductivo como el de la geometría. Por otra parte, el equivocismo está representado por Montaigne, el escéptico. Y encuentra una cierta síntesis analógica en Pascal, que intenta equilibrar la participación de la ley y las virtudes en la moral.

Sin embargo, se rompe ese equilibrio, del lado del empirismo, con Hume, que vuelve al equivocismo, dado que supedita el juicio moral al

---

7 L. Vereecke, *Da Guilielmo d'Ockham a sant'Alfonso de Liguori. Saggi di storia della teologia morale moderna 1300-1787*, Milán, Edizioni Paoline, 1990, pp. 170 y ss.

sentimiento, y no a la razón.[8] Y el equilibrio parece recuperarse de alguna manera en Kant, que divide su *Metafísica de las costumbres* en dos partes: una teoría del derecho (y, correlativamente, de la ley) y una teoría de la virtud, con lo cual había la apariencia de dar un estatuto suficiente a cada uno de los dos extremos de la ley y la virtud; pero no llega a ser un verdadero equilibrio, porque, al ser el imperativo lo principal y las virtudes algo demasiado secundario y accidental, se trata en definitiva de una ética de la ley, y casi no de virtudes, con lo cual se inclina demasiado al univocismo.[9]

Así, Kant, aunque por su crítica al univocismo racionalista y al equivocismo empirista del sentimiento, se aproxima a una postura analógica, por su endiosamiento de la ley y la obligación pierde el equilibrio, y se acerca más a una postura univocista. También Nietzsche, aunque parecía acercarse, con su crítica tanto del univocismo positivista como del equivocismo romántico a la analogicidad, pierde esa oportunidad y se sesga más hacia la equivocidad.[10] Un intento de conciliación analógica de estos dos tipos de éticas se da en Bergson, con su distinción de la moral abierta y la cerrada; sin embargo, toma un sesgo emotivista, que lo acerca a la equivocidad.

En muchos pensadores de la ética contemporánea se nota la presencia de una ética de la virtud, la cual los hace presentarse como analógicos, ya que la virtud es proporción, y esto es la analogía. La ética de la virtud, iniciada por los griegos, decae en la modernidad, pero en la época contemporánea encuentra un cierto repunte y hasta puede hablarse de una franca recuperación. Con ello se plantean las posibilidades de un replanteamiento de una ética analógica, después de la pugna entre éticas univocistas y equivocistas. Algo de esto lo veremos en la ética más reciente.

En los contemporáneos se aprecia cómo ha habido una oscilación entre diversos extremos, en los cuales no siempre se ha buscado o encontrado la mediación o el equilibrio proporcional. La principal oscilación ha sido, en el fondo, entre el universalismo y el particularismo, o un absolutismo de

---

8 A. MacIntyre, *Historia de la ética*, Buenos Aires, Paidós, 1970, pp. 167-172.

9 J. Vialatoux, *La morale de Kant*, París, PUF, 1966, pp. 30 y ss.

10 O. Reboul, *Nietzsche, critique de Kant*, París, PUF, 1974, pp. 61 y ss.

la razón y un relativismo de las circunstancias culturales y hasta de la emoción. Esto se ha manifestado en la polarización de éticas basadas en la ley o en las normas, y éticas apoyadas en las emociones individuales o en las costumbres comunitarias, incluso en las virtudes que una sociedad postula. Eso ha deparado éticas legalistas, universalistas y absolutistas, y éticas emotivistas y de virtudes, centradas en la parte afectiva de la moral (las mismas virtudes tienen una parte emotiva o sentimental muy fuerte, quizá más fuerte que la parte racional que les atribuimos).[11]

Hace falta lograr un equilibrio proporcional, algo que en algunas ocasiones se ha intentado, o al menos ha sido presionado por las críticas que se propinan unos a otros los mismos sostenedores de los extremos mencionados. Así lo vemos, dentro de la tradición analítica, en los neonaturalistas wittgensteinianos, en los éticos del discurso (Apel y Habermas), pero sobre todo en Rawls y MacIntyre. Estos dos últimos nos dan inapreciables lecciones de intentos de moderación y de matización que nos ayudarán mucho a la hora de construir una ética analógica, más en la línea del equilibrio proporcional.

Filosofía de la historia de la ética

Apliquemos la filosofía de la historia a la historia de la ética. En nuestro recorrido por sus principales trazos hemos encontrado una especie de dialéctica, que va de las éticas unívocas (demasiado rígidas y objetivistas) hasta las equívocas (demasiado abiertas y subjetivistas o relativistas), y a veces llega a una ética analógica. Esta última trata de evitar el racionalismo de las unívocas, pero sin caer en el empirismo de las equívocas; y lo que logra, en algunos momentos, es un equilibrio o armonía entre esos opuestos.

Algo que también se ha visto en la historia de la ética es su dependencia de una ontología en forma de antropología filosófica. No en balde

---

11 M. Warnock, *Ética contemporánea*, Barcelona, Ed. Labor, 1968, pp. 31-58; W. D. Hudson, *La filosofía moral contemporánea*, Madrid, Alianza, 1974, pp. 72 y ss.; J. Sádaba, *La filosofía moral analítica de Wittgenstein a Tugendhat*, Madrid, Mondadori, 1989, pp. 9-13.

ha caído en descrédito la acusación de que tomar en cuenta la filosofía del hombre para fundar la ética es cometer falacia naturalista. Más bien se ha reconocido que es lo que hacemos y, por ende, lo que debemos hacer (donde, paradójicamente, se asume ese paso).

Autores tan connotados y de orientación tan diversa como Ricoeur, Searle, Putnam, Dussel y Moulines han insistido en que dar ese paso no es falacia alguna, sino, antes bien, es lo que se necesita. ¿Cómo vamos a edificar una ética sin conocer al ser humano, que es al que se le va a hacer habitarla? Hasta podría decirse que sólo a condición de conocer al hombre se puede construir esa ética que se le va a destinar.

Otra cosa que hemos podido observar en la historia de la ética es que se da, sobre todo, una pugna entre éticas de leyes y éticas de virtudes. Las éticas antiguas fueron de virtudes, y las modernas, de leyes. Pero se ha visto, también, que se pueden combinar, y tener unas pocas leyes que guíen en la consecución de las virtudes.[12] Hay, sobre todo, ciertos principios que son muy necesarios. También, hemos podido apreciar que se han dividido las éticas en deontológicas y teleológicas, pero que, en definitiva, se pueden mezclar, y obtener así más provecho.

Lo mismo pasa con las éticas formales y las éticas materiales; las éticas formales son demasiado vacías, y las éticas materiales demasiado ciegas; hay que conjuntarlas en lo posible. Algo parecido se debe hacer con las éticas de la justicia y las éticas del bien, ya que la justicia es necesaria, pero no suficiente, pues la felicidad es la que le da sentido. Todo esto nos habla de la necesidad de la prudencia, que es la que equilibra, y la que da la proporción, la analogía. Con lo cual apreciamos la fuerte presencia que tiene la analogía en la construcción de la ética, y la importancia grande que se le debe conceder.

De hecho, la analogía o proporcionalidad, que es equilibrio y armonía, mesura y equidad, ha estado presente en todas las etapas de la historia de la ética. Es el constitutivo de la *phrónesis* o prudencia, la cual es la puerta

[12] C. Thiebaut, *Cabe Aristóteles*, Madrid, Visor, 1988, pp. 71 y ss.; el mismo, *Los límites de la comunidad. (Las críticas comunitaristas y neoaristotélicas al programa moderno)*, Madrid, Centro de Estudios Constitucionales, 1992, pp. 103 y ss.

para todas las virtudes morales o éticas. La prudencia es la virtud ética por excelencia, y es la que abre a la templanza, la fortaleza y la justicia. En efecto, la templanza es la proporción en la satisfacción de las necesidades humanas, la fortaleza es la proporción que ayuda a preservar y a mantener esa dinámica o proceso, y la justicia es la proporción en las relaciones humanas o sociales. Es omnipresente en la vida ética. Y, como la prudencia es proporción, analogía, hace que el pensamiento analógico sea tan relevante para la filosofía moral o ética.

De esta manera, observamos que en los moralistas griegos se da muy presente la analogía o analogicidad, por la sensibilidad tan orientada hacia la proporción, mesura, equilibrio o armonía. Es la ética de la virtud, y casi no se da la de la ley (incluso Platón, en *La república*, plantea quitar las leyes, para quedar con ciudadanos virtuosos, pero, al ver que los ciudadanos son poco virtuosos, volvió a acudir a la legislación, en *Las leyes*). A pesar del equivocismo de los sofistas y del univocismo de Platón, la analogicidad se recupera en Aristóteles y, de otra manera, en estoicos y epicúreos.

La época medieval recogió ese ideal analógico, y trató incluso de conciliar, por ejemplo, en santo Tomás, la ética de virtudes con la ética de leyes: unas pocas leyes nos pueden ayudar a desarrollar las virtudes. Con el voluntarismo escotista y el nominalismo ockhamiano se pierde esa analogicidad, pero ya esos autores abren la puerta a la modernidad. En la era moderna, decae mucho la analogía, la analogicidad, con las éticas unívocas de los racionalistas y las equívocas de los empiristas; algo se salvaguarda de analogismo en Pascal, Kant y Nietzsche.

Y en la época contemporánea, se ve la ética distendida entre cientificismos de algunos analíticos, y emotivismos de algunos otros analíticos y de los posmodernos. Hay, sin embargo, intentos de una ética analógica en autores como Anscombe, Geach, Philippa Foot, Bernard Williams y A. MacIntyre.[13]

Por eso hace falta una hermenéutica analógica, que nos dé la posibilidad de superar la acusación de falacia naturalista, por la anulación que de

[13] Una idea interesante, parecida a la de santo Tomás, de combinar leyes y virtudes, es decir, una moral de virtudes con una moral utilitarista, se encuentra en J. Rachels, *Introducción a la filosofía moral*, México, FCE, 2007, pp. 264-289.

ella hace como falacia (haciendo ver que es un paso válido y legítimo, incluso necesario). También, que nos haga recuperar una ética de virtudes, sobre todo con la llave de la *phrónesis* o prudencia, y que nos haga buscar la proporción, el equilibrio o mesura, de modo que evitemos los planteamientos excesivos de las éticas unívocas y las equívocas.

Si vemos que en el tiempo reciente, por obra de pensadores como Putnam, la llamada "falacia naturalista" ha perdido su fuerza destructora e incluso se ha colapsado y por así decirlo ha dejado de ser falacia, nos daremos cuenta de la importancia de interpretar al ser humano antes de normarlo, para poder darle una ética que corresponda a lo que él es. Así apreciaremos lo fundamental que puede ser una hermenéutica para esto, y, concretamente, una hermenéutica que ayude a recuperar y a volver a levantar esa ética analógica de la que hemos hablado; esto es, se requiere una hermenéutica analógica, para que pueda hacerle digna compañía.

Ética y hermenéutica analógica

La ética será diferentemente entendida si es planteada desde la hermenéutica o si no. Si lo es, implica que se ha de interpretar al ser humano para poder darle la ética que le conviene. De esta manera se excluye la tal falacia naturalista, viéndola a ella misma como nacida de un antinaturalismo igualmente falaz. Esto permite hacer una especie de hermenéutica de la facticidad del ser humano, un estudio de la naturaleza del hombre para poder darle una ética que le esté proporcionada, que le sea adecuada.

Asimismo, la ética adquiere su tonalidad propia si es planteada desde una hermenéutica analógica o si no.[14] Si es planteada desde una hermenéutica unívoca, con una concepción rígida del hombre, puramente naturalista, casi biologicista, llevará a una ética rigorista, prácticamente determinista, sin ningún resquicio para la libertad o para la diversidad cultural; si es planteada desde una hermenéutica equívoca, con una concepción ambigua del

[14] M. Beuchot, *Ética*, pp. 69 y ss.

hombre, puramente culturalista, casi historicista, llevará a una ética relativista, prácticamente subjetivista, sin ningún resguardo para la universalidad; por eso tiene que ser planteada desde una hermenéutica analógica, a fin de que tenga una concepción del hombre que admita tanto su lado natural como su lado cultural, su lado biológico y su lado psicosocial, que deje lugar a una libertad situada, como lo es la misma interpretación.

Así, una ética acompañada por una hermenéutica unívoca es solamente de leyes; una ética acompañada por una hermenéutica equívoca es meramente de casos; y una ética acompañada por una hermenéutica analógica atiende tanto a las leyes como a los casos, por lo que es más bien una ética de virtudes, las cuales admiten un poco de leyes y mucho de casuística, llegando a una mediación efectuada por las virtudes morales, que operan con algunos lineamientos de principios o leyes y mucho de ejercicio o práctica en los casos concretos.[15]

Sobresale en ella la virtud de la prudencia, esto es, la *phrónesis* de los griegos, sobre todo en Aristóteles, que la veía como una especie de sabiduría de lo concreto, particular, contingente y mudable. Esa difícil sabiduría requería mucho de sutileza, fineza o cuidado, para aplicar la ley moral al caso concreto, o encuadrar un caso concreto en la ley moral, que es genérica.

También tiene cabida la templanza, que es la moderación en la satisfacción de necesidades, y que tiene como aspecto social el dejar algo para los demás, al modo como la interpretaba modernamente Norberto Bobbio. E igualmente la fortaleza, que daba la capacidad de persistir en esa actitud de dejar a los demás algo, no como tolerancia, sino como solidaridad.

Pero sobre todo se aplica la virtud de la justicia, que consiste en una voluntad firme de dar a cada quien lo que le es debido. En esa constancia, lo sabemos, se aplica la fortaleza, que da continuidad. El dar a cada quien lo que se le debe es lo que la distingue de la benevolencia o de la caridad, que da al otro lo que no se le debe, sino lo que se le quiere dar.

La justicia tiene tres clases principales: la conmutativa, que opera entre particulares, en las transacciones, y hace que se cobre y se pague lo que

---

[15] *Ibid.*, pp. 112 y ss.

es debido por un bien o un servicio; la justicia legal, que opera de los particulares hacia el Estado, y hace que se cumplan las leyes y que se administre a cada una de las partes lo que le es debido; y la justicia distributiva, que opera del Estado hacia los particulares, y vela por que a cada quien se le dé lo que se le debe de los bienes comunes, sean cargos o beneficios o lo indispensable para la vida.[16]

Algunos han añadido la justicia social, que aseguraría el que todos tuvieran esos bienes y servicios indispensables para la vida, como el alimento, el vestido, el techo, la defensa y el acceso a la cultura y al descanso. Pero a veces se ve como un aspecto de la anteriormente mencionada justicia distributiva, porque depende de que el Estado dé verdaderamente a cada uno de los ciudadanos lo que le es debido, basándose en necesidades y méritos.

De esta manera vemos la ética estructurada a base de virtudes. Pero también a base de leyes, las cuales no están reñidas con las virtudes, antes bien les dan cauce y orientación. Recordemos que Platón quiso establecer en *La república* una sociedad basada en virtudes más que en leyes, y tuvo que cambiar eso, en *Las leyes*, dotando a la sociedad de una legislación. Por eso Aristóteles trata de conjuntar ambos aspectos, y parece que es lo más adecuado para el hombre: no podemos suponer que es totalmente malo, pero tampoco podemos suponer que es totalmente bueno o virtuoso.[17]

La construcción de la ética en sí misma

Hemos visto, pues, que en la historia de la ética han luchado las corrientes univocistas y las equivocistas, y que pocas veces se ha llegado a una mediación analógica. Pero es importante edificar esta ética analógica, precisamente recogiendo los intentos que en su proceso histórico se han dado por lograr esa analogicidad.

---

[16] A. Cortina, *Crítica y utopía: la Escuela de Francfort*, Madrid, Cincel, 1986 (reimpr.), pp. 152-177.

[17] O. Guariglia, *La ética en Aristóteles o la moral de la virtud*, Buenos Aires, Eudeba, 1997, pp. 191 y ss.

Por lo pronto, esta ética analógica se nos muestra como una ética de virtudes. MacIntyre se quejaba de que la ética de la modernidad fue una ética de leyes, por lo que ha sido repudiada por los pensadores posmodernos. Pero también se daba cuenta de que la ética antigua fue una ética de virtudes, que es la que él trataba de recuperar. De hecho, plantea una ética de virtudes, que a veces ha parecido un tanto ambigua y hasta relativista.

El paradigma de la ética de virtudes ha sido Aristóteles, y el de la ética de leyes ha sido Kant, con su conocido imperativo categórico. Pero es posible unir ambos autores; es más, una hermenéutica analógica nos enseña que una ética del mismo signo (analógica también) podrá tener un poco de ética de leyes y mucho de ética de virtudes. En efecto, una ética de puras leyes pretende ser unívoca, y una ética de solas virtudes corre el riesgo de ser equívoca. En cambio, una ética analógica podrá conjuntar leyes y virtudes. Las leyes darán algunas orientaciones, y las virtudes se construirán con la práctica. Hemos de recoger el ejemplo de Platón, al que se ha aludido.

En el debate entre éticas teleológicas, o que buscan una finalidad, y éticas deontológicas, basadas en la sola obligación, hay que encontrar un término medio. Otra vez, el paradigma de la ética teleológica es Aristóteles, que ponía como finalidad de la ética la felicidad; y el paradigma de la ética deontológica es Kant, quien decía que la ética sólo podía basarse en la obligación, y que darle una finalidad era quitarle la autonomía, era hacerla heterónoma, supeditarla a algo externo a la ética misma.

Pero, otra vez, la hermenéutica analógica, que es mediadora, nos puede ayudar a compaginar a Aristóteles y a Kant, pues necesitamos alguna finalidad que nos mueva a actuar, y ésta es en el fondo siempre la felicidad. No en balde se ha visto la ética kantiana como muy árida. Puede decirse que tenemos la obligación de cumplir con la ética para alcanzar la felicidad que todos deseamos y que es lo que más nos mueve en la vida.[18]

---

[18] Algo parecido plantea Xavier Zubiri, cuando habla de una ética formal de bienes, que saca del concepto de justificación o ajustamiento. El ajustamiento se da con respecto a la realidad, esto es, con respecto al ser; peåro también con respecto al actuar. Se da una moral como estructura y una moral como contenido, que se llegan a juntar. Es que lo debitorio está ya contenido de alguna manera en la realidad, pues el hombre ha de ajustarse a ella. Por eso la mejor posibilidad se vuelve necesaria, es decir, obligatoria. Y así se puede pasar, sin

Antes de abordar el tema de las virtudes, veamos algo sobre el imperativo categórico, que es la idea de Kant. Éste daba varias formulaciones de dicho imperativo, pero dos de ellas son las que más han sobresalido. Una es la que dice: "Compórtate de tal manera que todos puedan seguir tu conducta". Es decir, se trata de la intersubjetividad que para él es la base de la objetividad. La otra formulación es: "Trata a los demás seres humanos como fines y nunca como medios".

En la ética analógica también hay un imperativo, claro que analógico: un imperativo categórico analógico. Se habla de un imperativo muy antiguo, el de Píndaro, que dice: "Sé lo que eres". Es decir, llega a ser lo que tienes que ser. En interpretación analógica, sería: "Llega a ser lo que te es proporcionado", en el sentido de llegar a ser lo que te es proporcional. También se conoce el imperativo bíblico, que es la regla de oro, tal como se expresa en el evangelio: "Trata a los demás como quieras que te traten". Un filósofo moral, Alan Donagan, dice que se pueden conjuntar este último imperativo, el de la regla de oro, con el kantiano.[19] Y eso es, en verdad, muy analógico.

El análogo, o el hombre como ser analógico, se abre a sus posibilidades, pero a aquellas que le son proporcionales o proporcionadas, con un realismo de lo posible o realizable. Sobre todo, hace hincapié en la posibilitación de lo posible mismo, que se da en la mediación virtual, esto es, en la disposición de las virtudes, que son hábitos de conductas que se van construyendo poco a poco, a través de la repetición de actos, pero no meramente con el aspecto cuantitativo de la acumulación, sino principalmente con el aspecto cualitativo o la cualificación que de ello resulta.

---

falacia naturalista, del ser al deber ser. Véase X. Zubiri, *Sobre el hombre*, Madrid, Alianza–Sociedad de Estudios y Publicaciones, 1986, pp. 374 y ss.

19 A. Donagan, "The Moral Theory almost Nobody Knows: Kant's", en *The Philosophical Papers of Alan Donagan*. Vol. II, Action, *Reason and Value*, ed. J. E. Malpas, Chicago, University of Chicago Press, 1994, p. 148.

Las virtudes del análogo

El imperativo categórico-analógico, en cualquiera de sus formulaciones, se canaliza, para su realización, en varias virtudes que ayudan a su cumplimiento. Nos centraremos en las cuatro virtudes clásicas griegas (de ascendencia pitagórica, platónica y aristotélica): prudencia, templanza, fortaleza y justicia. Las virtudes son como los cauces por los que se cumple la intencionalidad del ser humano en sus vertientes principales. Le dan un encauzamiento, de modo que esa intención de hacer el bien la realice de la mejor manera.

Así, el análogo, u hombre analógico, proporcional, tiene la proporción o equilibrio que le da la virtud. Es, eminentemente, alguien que cultiva las virtudes, al menos un pequeño número de virtudes que se desarrollan con cierta armonía, y dan a la vida una especie de concierto armonioso. En ese despliegue de virtudes se realizan los valores principales que se tienen, con ellas se cumplen las reglas o leyes morales, y en ellas se da vida a los principios que se han adoptado como guías.

La noción de virtud

La virtud es un hábito, una cualidad disposicional, que acondiciona para actuar en una línea de acciones y conservarla, e incluso la favorece y la facilita.[20] El que llega a adquirir una virtud realiza su contenido, es decir, los actos que contiene, de una manera rápida, fácil y con disfrute. Al que le cuesta la generosidad tiene que adquirir la virtud correspondiente, formarla en sí mismo. Y esto se logra a través de la repetición de actos: tiene que hacer actos de generosidad, sólo puede alcanzarla a base de repetir ese tipo de acciones; pero no se reduce a esa repetición mecánica; llega a formarse en él una cualidad, precisamente la cualidad de ser generoso. Cada vez le cuesta

[20] C. Thiebaut, "Virtud", en A. Cortina (dir.), Diez palabras clave en ética, Estella, VD, 2000, pp. 427-461; Ph. Foot, Las virtudes y los vicios, México, UNAM, 1994, pp. 15-33; P. T. Geach, Las virtudes, Pamplona, EUNSA, 1993, pp. 51 y ss.

menos ser generoso con los demás, hasta que llega un momento y es el del afianzamiento de la virtud de la generosidad en que ya no le cuesta; más aún, le causa satisfacción y disfrute el practicarla.

A Sócrates se le preguntaba si la virtud se podía enseñar, y nunca resolvió satisfactoriamente ese problema. Wittgenstein contraponía el decir y el mostrar, y aseguraba que la virtud no se podía decir, sólo se podía mostrar. Pero precisamente la analogía es el intento de decir el mostrar, esto es, de decir lo que sólo se puede mostrar, sabiendo, por supuesto, que sólo será de manera impropia, indirecta, limitada. La virtud se tiene que mostrar, sobre todo, pero también algo muy poco se puede decir, y con ello es suficiente.

Pasemos a ver algunas de las virtudes que ayudan al hombre análogo a construir su vida ética o moral, con equilibrio y moderación dinámicos. Desde los iniciadores del pensamiento analógico, los pitagóricos, se determinaron cuatro virtudes morales o prácticas que han perdurado hasta hoy, y que atravesaron por las exposiciones de Platón, Aristóteles, los medievales y muchos de los pensadores morales recientes. Son la prudencia, la templanza, la fortaleza y la justicia. Por supuesto que hay más, o, si se quiere, éstas se subdividen en muchas otras, y se acompañan de ellas como de un cortejo. Pero en las que hemos mencionado se encuentran las raíces de las demás.

Prudencia

Estamos en un tiempo de una recuperación muy fuerte de la prudencia o *phrónesis* aristotélica, por ejemplo, por parte de Gadamer, MacIntyre y Alessandro Ferrara.[21] La prudencia es la sabiduría teórica de lo práctico. Desde Aristóteles, es la llave de las virtudes, pues la virtud es término medio, y la prudencia es la habilidad para encontrar el medio, tanto el término medio de las acciones como el medio para alcanzar algún fin.[22] Por eso consiste sobre

21 A. Ferrara, "On *Phronesis*", en *Praxis International*, vol. 7, núms. 3/4, invierno 1987-1988, pp. 246 y ss.

22 P. Aubenque, *La prudencia en Aristóteles*, Barcelona, Crítica, 1999, pp. 71 y ss.

todo en la deliberación acerca del término medio de las acciones (ponderación) y acerca de los medios conducentes a los fines (previsión).

Conduce a un juicio prudencial, del que resulta una elección, ya sea de los medios conducentes a un fin, ya sea de la medida o mesura de una acción, para que resulte conveniente (tanto moral como técnicamente). En todo ello se observa un equilibrio, se da la proporción, que es precisamente la analogía. Es una virtud altamente analógica, o, si se prefiere, su cometido es dar analogicidad o proporción al hombre en sus acciones.

El propio Aristóteles ve la prudencia como analogía puesta en práctica, como analogía hecha carne y plasmada en la acción, sobre todo en la acción moral. Pero también tiene un aspecto que podríamos llamar "técnico", de habilidad en cuanto a los medios que se requieren para llegar a los fines.[23] Y, como en la ética el fin es el que rige la acción, por eso se requiere tanto de la prudencia, como una mediación, como una virtud mediadora. El prudente o *phrónimos* tenía un equilibrio dinámico o apasionado, incluso trágico. La prudencia no consistía en retener mezquinamente la acción, sino en actuar con toda la pasión posible esa medida que era la conveniente para la acción en cuestión.

No es, entonces, la prudencia ni la astucia o zorrería ni la mojigatería que retiene y anula la acción; es dar a la acción la medida conveniente, medida que a veces es intensa y apasionada. Consiste en la búsqueda del término medio de la acción, y, en ese sentido, es la llave de las virtudes, ya que la virtud reside precisamente en el término medio que evita el vicio, el cual nace por exceso o por defecto, por demasiada fuerza o por falta de ella en las acciones que el ser humano realiza. En esa moderación que evita el vicio radica la moralidad de los actos humanos, la cual, como se ve, está muy relacionada con el equilibrio del prudente.

[23] L. E. Varela, "Prudencia aristotélica y estrategia", en *Convivium. Revista de Filosofía*, núm. 15, segunda serie, Barcelona, 2002, pp. 5 y ss.

Templanza

El mismo carácter analógico se ve en la templanza, que es la moderación en cuanto a la satisfacción de las necesidades, lo cual es muy necesario para la convivencia.[24] Es guardar la debida proporción. No solamente se trata de la temperancia en la comida y la bebida, o en el placer, sino también en la consecución de los bienes, individuales y comunes, de modo que se permita a los demás obtenerlos y compartirlos. Tiene que ver con la tolerancia, la solidaridad e incluso con la generosidad social. En efecto, una de las cosas más difíciles para el hombre es moderar sus intereses egoístas, con el fin de compartir el bien común con los demás de la sociedad.

De esta manera, la templanza va acompañada de una suerte de generosidad que busca la moderación en el bien individual para que se fortalezca el bien común, para que también los demás tengan acceso a los bienes y oportunidades. Eso permite la tolerancia generosa con los otros, e incluso, en un grado mayor de avance, el respeto y hasta el reconocimiento de los que piensan de una manera diferente de nosotros. Y eso promueve la solidaridad, que también se llama amistad social, la cual nos mueve a ser aceptadores de los demás, sobre todo en lo que presentan como ideales de vida, que pertenecen a la cultura de cada quien o de diferentes grupos, y, por lo tanto, son peculiares y a veces hasta discutibles.

Norberto Bobbio llega a decir que el moderado o templado es el que "deja ser al otro aquello que es".[25] Pero, según el propio Bobbio, no se confunde con el pusilánime, ni con el benigno ni con el humilde, que tienen aspectos negativos de la templanza. En efecto, el pusilánime es el que renuncia a la lucha (sobre todo política) por debilidad, miedo o resignación; el benigno es el que no tiene la suficiente malicia para sospechar de la posible malicia del otro; y el humilde es el que deja pasar, no busca cambiar nada. En cambio, el templado o moderado "es precursor de un mundo mejor".[26]

---

[24] N. Bobbio, *Elogio de la templanza y otros escritos morales*, Madrid, Eds. Temas de hoy, 1997, pp. 47 y ss.

[25] *Ibid.*, p. 59.

[26] *Ibid.*, p. 61.

Así, el ser humano templado o temperado es capaz no únicamente de moderar sus necesidades y sus deseos (comida, bebida, etcétera), sino también de permitir a los demás espacio para que realicen sus ideales de calidad de vida; por lo cual es tolerante, respetuoso e incluso puede llegar al reconocimiento del otro, a su aceptación, lo cual es un paso más allá de la mera tolerancia y del respeto (que pueden contener un significado peyorativo o minimalista: se tolera a alguien que hace mal, se respeta a alguien aunque no se esté de acuerdo con él). Es capaz de reconocer a los demás, y hacerles espacio en la medida en que no sea nocivo para sus propios valores e intereses, incluso más allá de lo que usualmente se hace, es decir, lo hace con generosidad.

Fortaleza

La fortaleza es vista por algunos, como MacIntyre, bajo el aspecto de valentía.[27] Pero también tiene, y sobre todo, el carácter de fuerza para persistir en esa templanza que el hombre se ha propuesto para vivir en compañía de los demás. Otra vez se muestra el carácter analógico de las virtudes, ya que es la mesura, ponderación o proporcionalidad respecto de las acciones difíciles, como, sobre todo, en el vencimiento de sí mismo (de la gula, la lujuria, la avaricia, el egoísmo, en definitiva).

Con ello se ve que esta virtud de la fortaleza está hecha para apoyar a la de la templanza, no solamente frente a los bienes arduos, como el que implica la lucha por la defensa de la sociedad, en forma de valentía, sino, sobre todo, como fuerza para resistir y permanecer firme en esa actitud de templanza, de equilibrio proporcional o analógico. Da continuidad y persistencia a la temperancia o moderación de los deseos, de modo que no se lesione a los demás y, por supuesto, da vigor para afrontar las acciones difíciles que a veces son necesarias para ello. También aquí percibimos la virtud como término medio, como proporción, como analogía.

---

[27] A. MacIntyre, *Tras la virtud*, Barcelona, Crítica, 1987, pp. 194-195.

Justicia

Y la justicia es también algo sumamente analógico, pues no es otra cosa que el logro del bien común que hemos mencionado, a través de la equidad proporcional o analógica en la vida social. A veces se entiende la justicia como igualdad (*fairness*, según dice John Rawls);[28] pero no es una igualdad sin más, sino una igualdad proporcional. Es, pues, una virtud en la que se practica de manera acendrada la analogía. Tomemos la antigua división en justicia general o legal, y justicia particular, que se subdivide en conmutativa y distributiva.

La justicia legal es la igualdad ante la ley, esto es, ante los jueces. Y es una igualdad proporcional, analógica, que debe favorecer al más débil, al más carente, al más oprimido. De otra manera no hay verdadera justicia. Es lo que nos tratan de hacer ver hoy pensadores como Taylor y Walzer, que dicen que la ley tendría que poner más cuidado con los desfavorecidos y las minorías.[29] Pues, si se trata de favorecer a alguien, éste debería ser el desfavorecido, lógicamente.

La justicia llevada con univocidad, a rajatabla, no es justicia; lesiona. Por supuesto que tampoco es justicia cuando se aplica con equivocidad, con diferencias; también lesiona. Hay una elemental igualdad ante la ley, y a ella todos tenemos derecho. Ésta tiene que ver sobre todo con la aplicación de la ley, con la administración de la justicia.

Y ya desde los griegos se hablaba de la virtud de la *epiqueya* o *epeiquía*, que fue traducida por los latinos como *aequitas*, como equidad, y que consiste en la adecuada aplicación de la ley, que es general, al caso concreto y particular. Si se aplica sin cuidado, sin matizaciones, sin distingos, difícilmente se aplica adecuadamente al caso concreto, que es complejo, y más bien fácilmente se incurre en injusticia. Es lo que ahora tanto se afanan por hacer ver los hermeneutas jurídicos, como Giusseppe Zaccaria o Francesco

[28] J. Rawls, *Teoría de la justicia*, México, FCE, 1985 (reimpr.), pp. 19 y ss.; B. Williams, "La justicia como virtud", en el mismo, *La fortuna moral*, México, UNAM, 1993, pp. 111-122.

[29] Ch. Taylor, El multiculturalismo y la "política del reconocimiento", México, FCE, 2001 (reimpr.), pp. 43 y ss.; M. Walzer, *Che cosa significa essere americani*, Venecia, Marsilio, 2001 (2a ed.), pp. 47 y ss.

Viola,[30] quienes dicen que la aplicación de la ley tiene que ser matizada y diferenciada; de otro modo, se aplicaría de manera inhumana.

Asimismo, la justicia conmutativa es la que se da entre particulares en el seno de la sociedad, como las compraventas, los servicios, etcétera, que por lo general conllevan contratos. Allí hay que pagar el precio justo, dar al otro lo que en verdad le corresponde, guardar la equidad proporcional relativa entre lo que se da y se recibe. También en esa igualdad proporcional se ve la analogicidad de la justicia, en el sentido de salvaguardar la justicia en las transacciones entre personas (físicas o morales). Allí la justicia se salvaguarda atendiendo a la proporción de lo que se recibe y lo que se da o se paga por ello. Ya algo tiene que hacer en este sentido el Estado, asegurando el precio justo, pero también el que da un bien o presta un servicio, como el que lo recibe y lo paga, tienen que ajustarse a lo que no resulte desproporcionado, ni por exceso ni por defecto, sino a lo que es proporcional.

Igualmente, la justicia distributiva es la que regula la relación del Estado con los individuos, con la sociedad civil. Es la distribución y retribución o redistribución del bien común, aquí entendido no solamente como los bienes comunes, esto es, los puestos o cargos públicos, sino abarcando todo lo que se refiere al bien de los ciudadanos, en lo cual consiste en verdad el bien común, esto es, proveer sus necesidades básicas de alimentación, vivienda, salud, defensa, etcétera, así como los bienes educativos y culturales.

Algunos, como Robert Nozick, ven la justicia distributiva como inmoral, porque parece quitar a unos para dar a otros, y él defiende las diferencias;[31] pero en esto se da más la justicia, ya que es la igualación mayor, o la disminución de las diferencias entre los individuos, y es —como aseguran Rawls, Dworkin, MacIntyre, Sandel y otros— lo que más falta en la actualidad. Por eso han proliferado los estudios sobre la justicia distributiva, y

---

30 G. Zaccaria, "Analogy as Legal Reasoning. The Hermeneutic Foundation of the Analogical Procedure", en P. Nerhot (ed.), *Legal Knowledge and Analogy. Fragments of Legal Epistemology, Hermeneutics and Linguistics*, Dordrecht, Kluwer Academic Publishers, 1991, pp. 57 y ss.; F. Viola, *Identità e comunità. Il senso morale della política*, Milán, Vita e Pensiero, 1999, pp. 54 y ss.

31 R. Nozick, Anarquía, *Estado y utopía*, México, FCE, 1990 (reimpr.), pp. 153 y ss.

ha cobrado una actualidad insospechada. Claro está que por la importancia y vigencia que tiene para toda sociedad que se precie de ser democrática.

Conclusión

Como resumen y conclusión, la aplicación de la filosofía de la historia a la ética, que hemos ensayado, nos hace ver que la ética o filosofía moral ha pasado por una historia en la que han luchado a muerte las posturas univocistas, esto es, las que tienen una ética rígida, racionalista y legalista, con las posturas equivocistas, a saber, las de una ética demasiado abierta, relativista y subjetivista; con ello nos damos cuenta de que ha hecho falta una ética analógica, moderada y prudencial, la cual en pocas ocasiones se ha alcanzado, y por eso hemos de seguir luchando para conseguirla; será un proyecto para el futuro.

Esto es algo que nos compete como filósofos y como seres humanos, pues como pensadores proponemos sistemas morales, pero como individuos los cumplimos. Y más nos vale tomar en cuenta al hombre, estudiarlo primero, para levantar una ética que le sea apropiada, adecuada. De otra manera, obtendremos éticas unívocas, que no le quedan por rígidas y cortas; o éticas equívocas, que no le van por demasiado largas y abiertas. Hay que encontrar la mediación prudencial que da la analogía, con una ética humana y humanista, a la medida del ser humano.

Y esto debe de darnos un sentimiento de satisfacción, ya que hemos aplicado la hermenéutica, en su modalidad de analógica, a la historia de la ética. Asignatura por demás importante, pues es algo muy propio del hombre. Éste tiene que reflexionar sobre sus costumbres, para ver con cuáles se queda, por considerar que son buenas, y cuáles desecha, por pensar que no son adecuadas para él, en la línea de la bondad y la maldad morales.

Es como se accede a la ética, criticando lo que uno ha recibido como usos y costumbres, para construir un nuevo edificio, con partes del anterior, pero también con espacios que le ha dejado la criba de lo recibido. Ni todo será nuevo, en bloque, ni todo rechazado, sino algo proporcional, edificado por la razón y la voluntad que nos caracterizan.

Capítulo IV

Del conocimiento a la argumentación sobre los derechos humanos

Introducción

En estas líneas deseo repasar algunos temas relacionados con el conocimiento, la argumentación y los derechos humanos. En cuanto al conocimiento, examinaré brevemente los conceptos de verdad y certeza, con su acompañante, el de evidencia. Luego pasaré al tema de la argumentación, que es la manera como adquirimos certeza y rematamos la verdad a partir de la evidencia. Finalmente, desembocaré en la aplicación del conocimiento y la argumentación al problema de la fundamentación filosófica de los derechos humanos.

Lo importante es que en todos estos casos encontramos una delicada presencia de la hermenéutica. Al conocer, necesitamos interpretar; al menos después de la evidencia que nos otorga la fenomenología. Para argumentar requerimos de la interpretación, en ese nivel que la prepara, pues si no comprendemos, mal podemos juzgar y argumentar sobre algo. Y el tema de la fundamentación de los derechos humanos es una aplicación útil de nuestro estudio del conocimiento y de la argumentación.

Los recovecos del conocimiento

En el centro de la reflexión gnoseológica o epistemológica están los temas de la verdad y la certeza.[1] Son los problemas centrales de esta disciplina filosófica, y la crítica del conocimiento tiene como objeto revelarnos esa posesión que podemos alcanzar de la verdad. Más que demostrar que podemos conocer, se trata de saber hasta dónde podemos conocer, hasta qué punto podemos tener verdad y certeza.

Lo primero que se nos presenta en la actualidad es la verdad y la certeza en el contexto de las ciencias. Sobre todo, hay que señalar la crisis de las ciencias exactas a finales del XIX y principios del XX. Por ejemplo, con Mach se dio la circunstancia de considerar que la ciencia no tiene verdad ni certeza, porque su objetivo propiamente no es brindar conocimiento.[2] Igual pasó con el programa de reconstrucción de la ciencia del positivismo lógico, dado su fenomenismo: fracasó y llevó a la ciencia a la crisis.

El giro lingüístico afectó a la ciencia quitándole el control empírico, y encerrándola en la tesis de la inconmensurabilidad de las teorías de Kuhn. Algo parecido hizo el giro sociológico, que llevó a la filosofía a ser historia de la ciencia, y llegar a los extremos de Feyerabend.

Sin embargo, es posible resolver esta situación acudiendo a las doctrinas de la verdad y de la certeza de la tradición. Encontramos como punto de partida a Jaime Balmes, y su idea de la verdad como evidencia dentro del realismo,[3] pero hay que seguirla de acuerdo con los desarrollos que hicieron de esta doctrina tradicional dos autores más contemporáneos: Roger Verneaux y Régis Jolivet. Son dos tomistas recientes. Podemos comenzar con Balmes, que es el más alejado en el tiempo, aunque fundamental para el realismo posterior. Luego viene Jolivet y, finalmente, Verneaux. Todos ellos nos marcan una línea firme del realismo, en la que se ve la continuidad de las reflexiones, ya que coinciden en la mayoría de las tesis.

---

1. L. Velázquez González, *Verdad y certeza. Un debate actual considerado a la luz de algunas reflexiones tradicionales*, México, Universidad Pontificia de México, 2011.
2. *Ibid.*, p. 20.
3. *Ibid.*, p. 25.

A mediados del siglo XIX hallamos a Balmes, que estudia las condiciones del conocimiento. Examina la relación entre la verdad y la certeza. En cuanto a la verdad, la entiende de los modos principales que suelen reconocerse en la tradición, y que han llevado los nombres de verdad ontológica y verdad lógica. La primera es el mismo ser de las cosas (como decía san Agustín: "Verdadero es lo que es") y la segunda es la coincidencia de lo pensado o dicho con lo existente.[4]

Los estados de la mente frente a la verdad son los consabidos: ignorancia, duda y opinión. Pero también se da la certeza, que es la aceptación que nos impone la realidad. Hay cuatro tipos de certeza: metafísica, física, moral y de sentido común. Esta última puede obtenerla cualquier persona, sin que tenga los otros conocimientos.[5]

En su obra *El criterio*, Balmes señala que hay tres criterios para la certeza: la conciencia o sentido íntimo, la evidencia y el instinto intelectual o sentido común. En cuanto a la evidencia, ésta puede ser inmediata o mediata. Lo primero si no se tienen que analizar los términos del juicio, y mediata si hay que hacerlo.[6]

En la primera mitad del siglo XX, Jolivet efectúa su análisis. Igualmente, analiza los criterios de la certeza. Recupera la idea de verdad que se ha aludido, como adecuación. Asimismo, la idea de que el juicio es la sede de la verdad. Pero se fija en los estados de la mente frente a la verdad. Puede haber ignorancia, duda, opinión y certeza. La certeza es definida como la adhesión firme (sin temor a equivocarse) prestada al juicio.[7] Es algo que nos salva del escepticismo.

Pues bien, Jolivet conecta la evidencia con los criterios de la certeza. El criterio es una señal, y el criterio de verdad es la evidencia. Ésta implica la claridad y la adhesión a ella. Es el esplendor de la verdad.[8]

---

4 J. Balmes, *El criterio*, México, Porrúa, 1981, p. 152.

5 *Ibid*., p. 40.

6 *Ibid*., p. 53.

7 R. Jolivet, *Vocabulario filosófico*, Buenos Aires: Desclée de Brouwer, 1965, p. 35.

8 El mismo, *Lógica y cosmología* (*Tratado de filosofía*, t. 1), Buenos Aires, Carlos Lohlé, 1976, pp. 137-139.

En la segunda mitad del siglo xx, respecto a los principios de ella, Verneaux ejerce su reflexión. También distingue entre la verdad y la certeza. La primera es definida por él de manera clásica: la conformidad del pensamiento con la realidad, y la certeza es un estado del espíritu respecto de la verdad.[9] Algo interesante es que Verneaux se atiene al carácter intencional del conocimiento. La intencionalidad cognoscitiva del hombre hace que sea imprescindible la relación sujeto-objeto. Acepta las especies cognoscitivas de Tomás (sensibles e intelectivas), esto es, los conceptos, pero dice que no es el concepto lo que se conoce directamente, sino el objeto.[10]

La intencionalidad permite hablar de adecuación, ya que tiene un correlato. El sujeto se allega al objeto, y tiene que haber una correspondencia del segundo con el primero. La sede de la verdad es el juicio. Es verdadero cuando dice que lo que es es. La certeza es una especie de paz y alegría frente a la verdad, por el conocimiento confiado de ella. La evidencia es esa aceptación de la verdad por tenerla delante. Cuando conocemos un objeto y nos aparece con claridad, se da la evidencia. Y es el criterio que en realidad tenemos para calibrar nuestro conocimiento.[11] Pero no hay un criterio de evidencia, como lo hay de la verdad, ya que sería irnos al infinito. La evidencia es un tope necesario. Es donde coinciden verdad y certeza. En ella estamos ciertos de la verdad, tanto subjetiva como objetivamente.

Pueden señalarse algunas semejanzas y diferencias entre las tres posiciones. En cuanto a la noción de verdad, hay coincidencia perfecta entre los tres autores, empeñados en combatir el racionalismo y el idealismo. En cuanto a la certeza, Balmes le da más importancia, pero al final coincide con lo que de ella dicen Jolivet y Verneaux. Y también coinciden en que la evidencia es el criterio de la certeza.[12]

Esto nos indica que hay que tratar de aplicar los análisis clásicos a la solución del problema actual. Los autores mencionados nos hacen darnos cuenta de que no hay una certeza total y absoluta, pero sí parcial y suficiente.

---

9 R. Verneaux, *Epistemología general o crítica del conocimiento*, Barcelona, Herder, 1977, p. 133.

10 R. Verneaux, *Filosofía del hombre*, Barcelona, Herder, 1985, p. 39.

11 *Ibid.*, p. 138; el mismo, *Epistemología general*, p. 150.

12 L. Velázquez González, *op. cit.*, p. 97.

Hay conocimiento probable o confiable. Es el nivel de la certeza física. Para adquirir certezas más firmes se necesita pasar a la metafísica. Allí hay evidencias más generales. Como en el juicio analítico, que, sin embargo, como dice Balmes, no se reduce a que negarlo sería incurrir en contradicción en los términos, sino que siempre está basado en lo sintético de la experiencia, que es la fuente y origen de todo conocimiento.[13]

Las soluciones clásicas al problema de la verdad y de la certeza, aplicadas a los problemas de hoy, nos hacen ver la vitalidad de aquellas respuestas. Más cerca de nosotros Wittgenstein, en su libro *Sobre la certeza*, se entretiene en numerosas paradojas, rompecabezas y puntos ciegos del conocimiento. Pero lo que evitó siempre que se cayera en el escepticismo o en la locura fue su enérgico llamado a la evidencia. Es la que nos mantiene vivos incluso filosóficamente.

Por lo demás, la historia está dando la razón a esta búsqueda de la verdad y lucha por el objetivismo, ya que se ha desencadenado un nuevo movimiento que se llama "el nuevo realismo", capitaneado por Maurizio Ferraris y secundado por una pléyade de jóvenes filósofos muy brillantes, como Markus Gabriel, Quentin Meillassoux, Graham Harman y otros. Es la vuelta de la epistemología clásica, después de un tiempo tenebroso de relativismo excesivo, que orillaba al escepticismo. Con esto se tiene un respiro y se avanza más adecuadamente en el trabajo filosófico.

De manera especial, con el realismo se puede argumentar mejor en el diálogo entre filósofos, porque se buscará la objetividad y la verdad, y no solamente la seducción, como hacían los sofistas de Atenas, y es el espíritu de varios pensadores de la posmodernidad. Y también se podrá argumentar mejor en favor de temas que nos interesan hoy en día, como la fundamentación de los derechos humanos y otras cosas de esta suerte.

[13] *Ibid.*, p. 109.

Del conocimiento a la argumentación

En efecto, si una cosa es propia del conocimiento es la argumentación. Es la garantía de que estamos tratando de conocer la verdad, en el ámbito de la discusión seria y equilibrada. La argumentación es uno de los aspectos esenciales de la filosofía, por más que ahora se la quiera llevar a la narratología.[14] Por eso es algo que conviene tomar en cuenta desde el comienzo mismo de nuestro hacer filosofía, de nuestro trabajo filosófico.

Hay que atender a la historia de la teoría de la argumentación,[15] que es el contexto adecuado del tema general del argumentar, pues la historia ayuda mucho a comprender un fenómeno. Y la teoría de la argumentación tiene una larga historia, acompañando la lógica y su historia. Un excelente lógico, Jaakko Hintikka, decía que la lógica enseña a mover las piezas del juego, pero que la teoría de la argumentación enseña a hacer buenas jugadas. Es decir, la lógica enseña lo más elemental, y la teoría de la argumentación enseña lo mejor del pensamiento.

Eso nos hace pasar a considerar la argumentación en cuanto práctica, para formar un hábito o virtud en nosotros.[16] Lo cual nos pone en el correcto camino del uso de los argumentos, ya que éste se da en la praxis misma del hombre, sobre todo para evitar lo que Carlos Pereda llama vértigos argumentales. Ellos nos hacen exagerar la fuerza de nuestros argumentos, lo cual impide la imparcialidad y la objetividad en nuestro diálogo filosófico.

Hay que tomar también muy en cuenta, como está haciéndose recientemente, lo emocional en la argumentación,[17] lo que Pascal llamaba "las otras razones, las del corazón". Y es que la emoción no está fuera de la argumentación, como lo reconocían los viejos retóricos. Recuerdo un ensayo del mismo Pereda que se intitula "Las otras razones".[18] Son, obviamente, las

---

14 F. Leal Carretero, C. F. Ramírez González y V. M. Favila Vega (coords.), *Introducción a la teoría de la argumentación*, Guadalajara, Universidad de Guadalajara, 2010, pp. 7-10.

15 M. Gilbert, "Breve historia de la teoría de la argumentación", en F. Leal Carretero *et al.*, *op. cit.*, pp. 11-41.

16 C. Pereda, "La argumentación en cuanto práctica", en F. Leal Carretero *et al.*, *op. cit.*, pp. 47-60.

17 M. Gilbert, "¿Qué es un argumento emocional?", en F. Leal Carretero *et al.*, *op. cit.*, pp. 61-72.

18 C. Pereda, "Las otras razones", en *Teoría*, núm. 1, México, UNAM, 1980, pp. 63 y ss.

de Pascal, que hablaba de las razones de la razón y las razones del corazón. Y decía que había que juntarlas, había que unir el espíritu geométrico y el espíritu de fineza en el arte de persuadir. Es lo que nos ofrece este autor, y es algo muy analógico: la unión de esos dos polos extremos.

Inclusive, se habla ahora de una argumentación multimodal,[19] y eso completa la perspectiva que hemos tenido de la argumentación retórica, la cual trata de aludir a todo el hombre, intelecto y afecto. Efectúa, igualmente, una síntesis analógica entre esos dos opuestos.

Asimismo, en la enseñanza de una forma de la teoría de la argumentación, que se denomina pensamiento crítico, se usa la llamada *ciencia cognitiva*.[20] No en balde se trata de una actividad del conocimiento. De hecho, el pensamiento crítico ha sido otro nombre para la misma teoría de la argumentación, o por lo menos algo muy cercano a ella. Y, ya que hablamos de atender a todo el ser humano, viene muy bien la aportación de la ciencia cognitiva, ahora que se han superado los miedos de psicologismo, que antes eran muy fuertes.

En la misma línea, en teoría de la argumentación se ha hablado de aumentar nuestra comprensión de los argumentos complejos,[21] como aplicación de la teoría de la complejidad, que ahora está tan presente en muchos ámbitos. El pensamiento complejo no podía dejar de ser tomado en cuenta en la teoría de la argumentación, ya que está muy acorde con el modo de conocer actual.

Pero todo esto nos lleva a hacernos la pregunta de si el estudio de la filosofía mejora las habilidades del pensamiento crítico.[22] Y la respuesta es que sí lo hace, pero esto se da con el requisito de que sea una filosofía que no renuncie a la razón, ya que recientemente vemos corrientes que dan la

---

19 M. Gilbert, "Argumentación multimodal", en F. Leal Carretero *et al., op. cit.*, pp. 73-91.

20 T. van Gelder, "Enseñar pensamiento crítico; algunas lecciones de la ciencia cognitiva", en F. Leal Carretero *et al., op. cit.*, pp. 97-112.

21 T. van Gelder, "Cómo aumentar nuestra comprensión de los argumentos complejos", en F. Leal Carretero *et al., op. cit.*, pp. 113-132.

22 C. Álvarez, "¿El estudio de la filosofía mejora las habilidades del pensamiento crítico?", en F. Leal Carretero *et al., op. cit.*, pp. 133-151.

impresión de haberla abandonado completamente. No obstante, sigue vigente la tradición lógica o argumentativa de la filosofía, y con ese proviso sí puede ser de utilidad, más aún, requiere el promover dicho pensamiento crítico.

Al estar hablando de la teoría de la argumentación, no podemos dejar de mencionar la lógica, y también aquí se pregunta uno acerca del papel de la lógica formal, es decir, de los límites y las virtudes de la formalización lógica en el estudio de la argumentación,[23] lo cual es muy saludable, pues si durante un tiempo endiosamos la formalización, ahora lo que más se señala son sus limitaciones, para no exagerar y creer que, al formalizar el discurso, todo está arreglado.

También se conectan con esto las bases ontológicas de la lógica misma, como la del *existential import* o la carga existencial de los enunciados particulares: al hablar, por ejemplo, de Pegaso, ¿tenemos que suponer que existe?[24] Eso nos revive el trabajo de Quine, para quien la ontología tenía que exhibir qué entidades aceptábamos en nuestro lenguaje, ya fueran unicornios o protones; y el de Strawson, que se debatía con el importe existencial de las oraciones cuantificadas en su lógica filosófica.[25]

Inclusive, tiene lugar aquí el tema del uso de mitos y parábolas con fines argumentativos. Esto lo vemos en los diálogos platónicos.[26] Sabido es que Platón usaba mitos para argumentar. ¿Eso disminuía la seriedad o la credibilidad de sus diálogos? Es, en todo caso, una argumentación basada en la analogía, y sumamente esclarecedora, por lo cual es bueno replantearse el asunto.

Igualmente, es relevante la relación del *ethos* con la forma de argumentar, ya que el ethos no se separa ya tanto de la teoría.[27] Y es que la teoría

---

23 F. Marulanda, "Límites y virtudes de la formalización lógica", en F. Leal Carretero *et al., op. cit.*, pp. 157-181.

24 N. Luna, "Si Pegaso tiene alas, ¿existe? Algunas propuestas para evitar el importe existencial de las oraciones cuantificadas", en F. Leal Carretero *et al., op. cit.*, pp. 182-201.

25 P. Th. Geach, *Reason and Argument*, Berkeley y Los Ángeles, University of California Press, 1976, pp. 53-55.

26 F. Ramírez González, "Algunas relaciones entre los mitos y los argumentos en las obras de Platón", en F. Leal Carretero *et al., op.* cit., pp. 206-227.

27 P. Reygadas, "El arte de argumentar: una visión del *ethos* desde América Latina", en F. Leal Carretero *et al., op. cit.*, pp. 228-240.

de la argumentación nos ha enseñado que nuestro argumentar está siempre situado. Dependemos de auditorios, y más vale que nos pongamos a ver cuál es el *ethos* de aquel al que le hablamos, pues la retórica antigua tomaba en cuenta el *logos*, el *ethos* y el *pathos*, todo junto.

De manera especial, hay que ver el papel de la argumentación en las ciencias sociales, en las que se considera, ahora con la influencia de la posmodernidad, que no hay mucho espacio para los argumentos, y todo se deja a la narración.[28] Lo cual es muy relevante, ya que significa, otra vez, atender al contexto concreto en el que la argumentación se da, como es el de las ciencias sociales, ya que sin él pierde su fuerza y se diluye en el aire. En esas disciplinas hay que ofrecer argumentos, aunque sepamos que no tienen la misma contundencia que en las ciencias exactas y naturales.

Así, el tema de la argumentación se extiende cada vez más y abarca más aspectos del ser humano, incluyendo los emocionales y no solamente los intelectuales, en ese acto de conocimiento que es el discurso racional. Todo indica que la filosofía recuperará la importancia que siempre se había dado a la argumentación, sobre todo en algunos momentos, como en los griegos y los medievales. Esto lo apreciamos en la actualidad, al argumentar en favor de asuntos muy importantes, como es el de los derechos humanos, al que pasamos para ejemplificar lo anterior.

La argumentación sobre el fundamento de los derechos humanos

Una aplicación de la epistemología y la argumentación se da en el tema de los derechos humanos. En lo que sigue intentaré defender la idea de que la ley natural es el fundamento filosófico de los derechos humanos. Dicha ley brota de la naturaleza humana, por lo cual tiene un arraigo en la antropología filosófica (y ésta en la ontología), ya que el estudio del hombre es necesario

[28] F. Leal Carretero, "Sobre un aspecto curioso de la argumentación en ciencias sociales", en F. Leal Carretero *et al.*, *op. cit.*, pp. 241-252.

para poder plantear una ética y un derecho que sean humanos. En eso nos ayuda la hermenéutica, concretamente una analógica, ya que se realiza una interpretación del ser humano para ver qué leyes y derechos corresponden a su naturaleza.

En la fundamentación filosófica de los derechos humanos se ha dado la incesante pugna entre el iusnaturalismo y el iuspositivismo.[29] La primera corriente defiende un fundamento ontológico de los derechos humanos, el cual es la ley natural o derecho natural; mientras que la segunda lo niega, y sólo postula como base de tales derechos la positivación. Hay además posturas intermedias, como la de los derechos morales (*moral rights*), pero los iuspositivistas los ven como derechos naturales disfrazados.

La principal objeción que los iuspositivistas han esgrimido contra el iusnaturalismo y la ley natural es la acusación de falacia naturalista que, desde Hume, pasando por Moore y llegando a la actualidad, sostiene que fundamentar los derechos humanos en una naturaleza humana, esto es, en una ley natural, es realizar un paso indebido, a saber, el del ser al deber ser, o del hecho al valor.

Sin embargo, la hermenéutica ha traído algunas aportaciones a este tema de la fundamentación filosófica de los derechos humanos. Una de ellas, me parece a mí, es la que señala Paul Ricoeur, a saber: que la hermenéutica niega la falacia naturalista y permite pasar del ser al deber ser, ya que pide que los derechos (y sobre todo los derechos humanos) tengan como base la interpretación del hombre, esto es, una antropología filosófica,[30] la cual redunda en el estudio de la naturaleza humana.

Con ello se podrá ver cuál es la ley y cuál el derecho que surgen de dicha esencia del hombre, a saber, la ley natural, o el derecho natural, y se entienden los derechos humanos como derechos naturales subjetivos, según los entendía la Escuela de Salamanca, con Vitoria y Soto, y con la que estuvo vinculado Bartolomé de las Casas.

---

[29] M. Beuchot, *Derechos humanos, iuspositivismo y iusnaturalismo*, México, UNAM, 1995, pp. 25 y ss.

[30] P. Ricoeur, *Lo justo*, Madrid, Caparrós, 1999, pp. 27-29.

La doctrina de la ley natural es, ciertamente, una doctrina perteneciente al derecho; más propiamente, a la filosofía del derecho. Pero consiste precisamente en conectar el derecho con la moral, con la ética. Y para ello se tiene que hacer intervenir la antropología filosófica, pues tanto el derecho como la ética deben servir al hombre, tienen que corresponder al hombre y, para ello, comprender la naturaleza humana.

Sabemos, además, que la antropología filosófica supone una ontología, incluso puede decirse que es una ontología de la persona. Así, la ontología da base a la antropología filosófica, ésta a la ética y ésta al derecho. En efecto, un derecho que no sea moral, se autorrefuta o autodestruye (como se decía en el iusnaturalismo clásico: una ley injusta no es ley). Además, la ética responde a una concepción del hombre, lo cual es propio de la antropología filosófica. Y la antropología filosófica o filosofía del hombre descansa en los principios establecidos por la ontología. Tal es la secuencia armónica en el seno de la filosofía misma.

Así, pues, la ley natural es la que surge de la misma naturaleza humana. Desde los griegos, principalmente en Aristóteles, pasando por los medievales, singularmente en santo Tomás, hasta la actualidad, la ley natural consiste en obedecer, desde el derecho, la misma estructura ontológica de la realidad, la naturaleza.[31] Se habló de preceptos de la ley natural que se basan en la ley común al hombre y a los animales, pero sobre todo se trataba de la naturaleza humana, en la cual se dan instintos como los de los animales, pero son llevados con la dirección de la razón humana. En todo caso, de la naturaleza humana misma brotan esos derechos naturales que ahora denominamos derechos humanos.

Cuando se dice que los derechos humanos surgen de las necesidades humanas, volvemos a lo mismo, pues las necesidades humanas se basan en la naturaleza humana. Y cuando se dice, más kantianamente, que el fundamento de los derechos humanos es la dignidad humana y esta fundamentación kantiana de tales derechos es hoy por hoy la más aceptada, recaemos

[31] J. Finnis, Absolutos morales. *Tradición, revisión y verdad*, Barcelona, Ediciones Internacionales Universitarias, 1992, pp. 16-17.

en lo mismo, ya que la dignidad humana se basa en la naturaleza humana, está arraigada en ella.

El iusnaturalismo da tanta importancia a los derechos humanos, que solamente puede aceptar que su fundamento sea la ley natural, el derecho natural, esto es, la misma naturaleza humana. Se acerca bastante a esto la escuela de los *Moral Rights*, pues, al ser derechos morales, no se quedan en derechos positivos, sino que están más allá de la positivación. Su validez no depende de que sean positivados, y con ello se les retira de ese ámbito jurídico, y pertenecen al ámbito moral, con lo cual se fundamentan al igual que la moral en la antropología filosófica y ésta en la ontología. No nos escapamos de la ontología al buscar la fundamentación filosófica de tan importantes derechos.

Quizá lo más importante aquí es que ya ha pasado el tiempo del positivismo lógico, y con ello también el del positivismo jurídico. Ya la filosofía del derecho tiende a alejarse cada vez más del iuspositivismo y, aun cuando no llega exactamente a adoptar el iusnaturalismo, se acerca a él, o por lo menos oscila entre esas posturas intermedias como la de los *Moral Rights*. En todo caso, asistimos a una época pospositivista, tanto en la filosofía como en el derecho.

Esto hace que se estén buscando fundamentaciones de los derechos humanos más sustantivas, que van desde una postura pragmatista hasta una aceptación decidida de la ontología. En estos tiempos la ontología ha sido mal vista, pero poco a poco se asiste a lo que podríamos llamar un "giro ontológico", así como antes se habló de un "giro lingüístico" y de un "giro hermenéutico". Inclusive puede decirse que este giro hermenéutico, al menos en el caso de Ricoeur, preparó el giro ontológico del que estamos hablando.

De manera especial, una hermenéutica analógica, que pretende evitar el rigorismo de la hermenéutica unívoca y el laxismo de la hermenéutica equívoca, apoya la recuperación de la ontología. Una ontología analógica, al igual que la hermenéutica que la acompaña. La ontología que se quiere recuperar es, precisamente, una ontología analógica como la de Aristóteles y la de santo Tomás.

En la modernidad hubo ontologías unívocas, tanto racionalistas como empiristas, todas demasiado rígidas y pretenciosas, lo que determinó su desplome y su ruina. Pero ahora, en la posmodernidad, proliferan las ontologías equívocas, ya se les llame débiles, de la actualidad, complejas, etcétera, se encuentra uno con una ambigüedad demasiado exagerada, lo que impide tener estructuras ontológicas suficientes.

Necesitamos, pues, una ontología analógica, que no tenga la pretensión rigorista de las ontologías unívocas de la modernidad, pero que tampoco se derrumbe en la desesperación disolvente de las ontologías equívocas de la posmodernidad. Una que tenga la fuerza suficiente para salir de la debilidad y la ambigüedad de las ontologías al uso, que más bien no son ontologías (si bien se las mira). Una ontología abierta, pero resistente; una ontología seria, pero abierta, es decir, no reduccionista como las del positivismo, pero tampoco irreductible, como muchas del posmodernismo.

Es una ontología analógica, como la de Aristóteles, Tomás y, en la actualidad, la de Ricoeur, la de Putnam y otros, que buscan una ontología que sea abierta pero más resistente que las vagarosas, como la de Vattimo, la de Rorty y la de otros. Una que todavía hable de naturalezas, de la verdad y la objetividad, y que no renuncie a toda estructuración ontológica de la realidad, pues sin ello nos quedamos con un edificio caído.

Conclusión

Después de nuestro examen de estos temas, nos encontramos con que sigue firme la noción tradicional de la verdad, como la adecuación de lo pensado o dicho con lo real o existente. Sólo que se trata de una adecuación o correspondencia analógica. La certeza es la actitud subjetiva ante la verdad, y la evidencia es el criterio básico de la misma. La argumentación sigue siendo necesaria, por más que se haya deflacionado y ya no se busque una argumentación demostrativa y apodíctica, sino más bien una argumentación probable y a veces sólo verosímil. Esto resulta de mucha utilidad a la hora de fundamentar los derechos humanos, pues nuestra actitud filosófica nos exige argumentar en favor de su existencia y validez.

En efecto, sigue siendo la actividad más humana, por lo mismo que filosófica, la de tratar de conocer y buscar argumentar lo que conocemos. En todo ello nos acompaña la hermenéutica, pues ella procura la comprensión, pero ésta forma parte entrañable del conocimiento mismo. Y esto se plasma en las cosas que más nos interesan, como los derechos humanos, cuya fundamentación filosófica exige la argumentación, y ella supone cierta confianza en el conocimiento, aunque siempre se reconozcan sus límites.

Capítulo V

El posestructuralismo

Introducción

Después de los teóricos más sobresalientes del estructuralismo, tales como Saussure, Chomsky y Piaget, además de otros, como Lévi-Strauss y Barthes, ahora se nos presentan los que han sido considerados como sus herederos y continuadores. Sin embargo, lo han hecho de una manera muy crítica, a tal punto que, aun cuando se los ha llamado neoestructuralistas, bien merecen el apelativo de posestructuralistas. Ahora atenderemos a ellos.

Los representantes que hemos elegido de esa nueva corriente son los franceses Michel Foucault, Gilles Deleuze y Jacques Derrida. Los tres recibieron el influjo del estructuralismo, floreciente en los años sesenta y setenta, cuando estos autores tuvieron su mejor época. Pero lo curioso es que los tres llegaron a posiciones que superaban o cuestionaban esa escuela. Inclusive negaron tesis muy principales de ella, tales como el rechazo del sujeto y el de la metafísica, acabando por replantear esos dos temas.

Veamos por qué pueden llamarse posestructuralistas, más que neoestructuralistas. Y, al final, hagamos algunas reflexiones acerca de lo que puede ser la salida para esta corriente en filosofía.

Neoestructuralismo = posestructuralismo

Al estructuralismo clásico ha seguido un neoestructuralismo, que algunos han llamado posestructuralismo, y quizás es esto último en realidad, pues recoge algunas tesis del clásico, pero también lo critica.[1] Una tesis muy clara es la antimetafísica (que llaman posmetafísica). Conlleva sobre todo la crítica del sujeto. En efecto, la metafísica moderna se basó en el yo, por lo que esta antimetafísica posmoderna disuelve lo más que puede el concepto de la subjetividad.

Un adalid en este punto ha sido Michel Foucault (1926-1984).[2] De hecho, no acepta ser catalogado como estructuralista, porque esta corriente le parece demasiado formal y alejada de la historia, a la que él da mucha importancia.[3] Es verdad que aprendió los métodos estructuralistas, y los usó a su modo, para estudiar todo lo que es considerado como patológico (la enfermedad, la locura, la delincuencia, la criminalidad y la anomalía social). Puede decirse que se sirve del método de Lévi-Strauss, pero lo sobrepasa. Se coloca como arqueólogo, es decir, como un historiador basado en archivos, pero también tiene bastante de la genealogía de Nietzsche.

Más que en sus trabajos históricos, sobre la sexualidad y la clínica, sobresale su trabajo *Las palabras y las cosas* (1966), en el que hace una crítica del estructuralismo. Ya el título nos indica que no hay una lingüística apropiada, pues las palabras no embonan con las cosas que pretenden significar. Refuta el orden, la clasificación, basándose en una de los animales incluida en una enciclopedia china, según lo relata Borges, en la que las distintas clases no corresponden a ningún criterio científico, y casi son meramente aleatorias (los animales se dividen en los que pertenecen al emperador, los que se agitan como locos, los que acaban de romper el jarrón, los

1 De estos nuevos teóricos habla ya J.-M. Auzias, *El estructuralismo*, Madrid, Alianza, 1970 (2a ed.), pp. 121 y ss.; véase, sobre todo, M. Frank, *¿Qué es el neoestructuralismo?*, México, FCE–Universidad Autónoma Metropolitana, 2011, pp. 33 y ss.

2 Lo registra como estructuralista M. Corvez, *Los estructuralistas*, Buenos Aires, Amorrortu, 1972, pp. 26 y ss.

3 M. Blanchot, *Foucault tal y como yo lo imagino*, Valencia, Pre-Textos, 1993 (2a ed.), pp. 17-20.

que de lejos parecen moscas, los que pueden ser pintados con un finísimo pincel de pelo de camello, y otros por el estilo).[4]

De esta manera, Foucault critica el ansia de los estructuralistas por obtener clasificaciones exactas, y hace ver que no hay un orden en el discurso, que no se dan estructuras fijas, claras y distintas. Es decir, que no existe orden metafísico. Además, señala que el sujeto está descentrado, como se ve en el cuadro *Las meninas*, de Velázquez. Y se dirige a la pérdida de la noción de la analogía en la modernidad, con lo cual ya no se estudia el símbolo en la filosofía del lenguaje, sino el simple signo, y se procura la univocidad, aunque él indica que cada vez más se cae en la equivocidad.[5]

Y se refugia en don Quijote, el cual era, al mismo tiempo, genio y loco, es decir, conjuntaba lo que es anómalo en el ser humano, resumen de lo que el mismo Foucault ha investigado sobre el manicomio y las ciencias humanas. Estas ciencias humanas son la historia, la antropología, la psicología y algunas otras, que les son conexas.[6] De esta manera, nuestro autor se opone a tesis fundamentales del estructuralismo.

Profesa la arqueología del saber, en un libro de ese título, porque dice operar por archivo (*arché*). Inclusive, le parece que no solamente la noción de sujeto, sino la misma noción de hombre es reciente, de fines del siglo XVIII y principios del XIX, con lo cual es moderna. Así, el lenguaje, sin sujeto y sin objeto, se reduce a un mero entramado de signos, pero no va a ningún lado de la realidad.[7]

Cada época tiene su *episteme*, su modo de hacer ciencia, y él centra el actual en el estudio del saber, del poder y del sí mismo, o sujeto. Este último está muy vinculado a la ética, pero él lo vincula a la estética, porque le parece que la verdadera filosofía moral consiste en construirse una personalidad bella. Así es como desemboca en el saber de sí y en el cuidado de

---

[4] M. *Foucault, Las palabras y las cosas, una arqueología de las ciencias humanas*, México, Siglo XXI, 1978 (10a. ed.), p. 19.

[5] *Ibid*., pp. 41 y ss.

[6] *Ibid*., pp. 254 y ss.

[7] M. Foucault, *La arqueología del saber*, México, Siglo XXI, 1978 (5a. ed.), p. 138.

sí, y en las formas de subjetivación. Ya no le interesa disolver al sujeto, sino comprender cómo se llega a formar la subjetividad.[8]

Nuestro autor nunca dejó el eterno problema de la verdad, pero junta la verdad epistemológica con la verdad ética, es decir, la veracidad, el atreverse a decir la verdad, que los griegos conocieron como la *parresia*.[9] Es oponerse al poder, con un saber de sí mismo que conlleva la mayor forma de subjetivación.

Poco a poco, Foucault tuvo que volver a aceptar la categoría del sujeto, como se ve en su época de madurez, en la que se aboca a la hermenéutica de sí, y se interesa en los modos como se deviene sujeto.[10] Inclusive, analiza los métodos que se usaban para hacerlo, como la confesión, la dirección espiritual y otras, que ve como antecedentes del psicoanálisis.[11]

Esta recuperación del sujeto, por más que no se tratara de uno que volviera al ideal de Descartes de ser un sujeto claro y distinto, plenamente autoposeído, sino de un sujeto narrativo, más débil, hace que Foucault tenga que volver a la metafísica, al menos en su forma de ontología del presente (así la llama él). Además, al final de su vida, nuestro autor se abocó mucho a la defensa de los migrantes, y se dio cuenta de que no podía defender los derechos humanos si no disponía de una ontología, por precaria que fuera, y consiguientemente, con una noción de sujeto.[12] Así, ya no se cuidó de evitar la metafísica o de destruirla, sino que prefirió debilitarla, cosa que se ve como algo común a todos los filósofos posmodernos.

Tal es el neoestructuralismo o posestructuralismo de Foucault, por eso lo critica Manfred Frank, señalándolo como conteniendo ambigüedades y hasta contradicciones en su comprensión del sujeto y de las ciencias

---

8 M. Foucault, "¿Qué es la Ilustración?", en *Obras esenciales*. Vol. III. *Estética, ética y hermenéutica*, Barcelona, Paidós, 1999, pp. 342 y ss.

9 M. Foucault, "Coraje y verdad", en T. Abraham (comp.), *El último Foucault*, Buenos Aires, Ed. Sudamericana, 2003, pp. 317 y ss.

10 M. Foucault, "La hermenéutica del sujeto", en *Obras esenciales*. Vol. III. *Estética, ética y hermenéutica*, pp. 275 y ss.

11 M. Foucault, "Las técnicas de sí", en *Obras esenciales*, vol. III, pp. 443 y ss.

12 M. Foucault, "¿Qué es la Ilustración", en *Obras esenciales*, vol. III, pp. 347 y ss.

humanas.[13] Se ve una cosa extraña: que, habiendo comenzado con las tesis fundamentales del estructuralismo, tales como el rechazo del sujeto y, por lo mismo, de la metafísica, acabó aceptando eso que el estructuralismo rechazaba (el sujeto, con la hermenéutica de sí; la metafísica, con la ontología de la actualidad), y con ello se adopta una posición divergente, más allá de esa corriente o escuela.

Otro expositor del neoestructuralismo o posestructuralismo es el célebre teórico de la posmodernidad Gilles Deleuze (1925-1995). Él sostenía lo que llamaba la voluntad de sistema, aunque no presentó uno completamente elaborado, cosa casi imposible en la actualidad. Este autor se muestra muy cercano a Foucault, de quien desea ser continuador, en su idea de una ontología histórica y en la otra de estudiar las formas o procesos de la subjetividad.[14]

Pero, además de su aprecio por Foucault, Deleuze tiene sus aportaciones propias. Navegó en el estructuralismo, a tal punto que, en la historia de la filosofía dirigida por François Châtelet, en el tomo correspondiente al siglo XX, a Deleuze le toca exponer esa corriente.[15] Para ello resume las notas que caracterizan a alguien como estructuralista, los principales criterios para identificar a alguien como perteneciente a esa línea de pensamiento.

Deleuze es sistemático en el sentido de que, aun cuando aborda temas de historia de la filosofía, y eso con mucha erudición, no quiere quedarse en expositor de la misma. Hace aportaciones. Si los estructuralistas acabaron negando el sentido, nuestro autor lo recupera, sólo que de manera paradójica. Es cierto que no hay sentido, pero ese sinsentido es el sentido.[16] Por eso es preferible la distribución nómada de los sentidos, es decir, de los entes. Tal es el significado de su nomadismo: no hay un sentido definitivo, trascendente, sino que es inmanente.

---

13 M. Frank, *op. cit.*, pp. 155 y ss.

14 G. Deleuze, *Foucault*, Barcelona, Paidós, 1987, pp. 145 y ss.

15 G. Deleuze, "A quoi reconnait-on le structuralisme?", en F. Châtelet (dir.), *Histoire de la philosophie. Idées, doctrines*. Vol. 8. *Le XXe. Siècle*, París, Hachette, 1973, pp. 299 y ss.

16 G. Deleuze, *Lógica del sentido*, Barcelona, Paidós, 1989, p. 86.

Sin embargo, Deleuze no incurre en el equivocismo. Aspira siempre al univocismo, tal como se ve en su aprecio por los autores unívocos, por ejemplo, Duns Escoto, Spinoza y Bergson, entre otros. No todo se reduce a la diferencia, sino que encuentra la mismidad, pero a través de la repetición, es decir, del eterno retorno, señalado por Nietzsche. Es lo que sostiene en su magna obra *Diferencia y repetición* (1969), en la que la diferencia, al ser repetida en el eterno retorno, llega a acercarse a la igualdad; de la equivocidad se pasa a la univocidad.

El nomadismo de Deleuze se manifiesta asimismo en su idea del rizoma, que comparte con el psicoanalista Félix Guattari, en la obra *Mil mesetas y en Rizoma: una introducción*.[17] El pensamiento es rizomático, y el rizoma es una raicilla que se da como si fuera rama, es adventicia, y anda como si trepara por donde puede. Está entre raíz y tallo, pero no es ni una ni otra cosa, sino algo que repta con pliegues, despliegues y repliegues.

Ahora bien, es muy sabido que Jacques Lacan incorporó el estructuralismo al psicoanálisis, o el psicoanálisis al estructuralismo; pero Deleuze y Guattari cuestionan el trabajo psicoanalítico y sus resultados, ya que impone algunas de sus ideas a la vida cotidiana de los seres humanos.[18] Por ejemplo, ven el relato de Edipo, tan esgrimido por Freud, como un mito en el peor sentido, uno malo. Debido a ello hablan de una esquizofrenia que se da en la sociedad neoliberal, que produce deseos maquinales, como de robots.

Con todo, me parece que la obra principal de Deleuze es *Diferencia y repetición*, en la que rescata esa ontología del presente, como la que adoptó Foucault al final de su trayectoria. En ese libro, Deleuze sostiene que la filosofía verdadera es ontología, y que la ontología verdadera es unívoca, como la de Duns Escoto y otros que lo han seguido en la vía de la univocidad. Asevera:

> Nunca ha habido más que una sola proposición Ontológica: el Ser es unívoco. No hay más que una sola ontología, la de Duns Escoto, que

17 G. Deleuze y F. Guattari, *Mil mesetas*, Valencia, Pre-Textos, 1988, p. 29.

18 G. Deleuze y F. Guattari, *El antiedipo. Capitalismo y esquizofrenia*, Barcelona, Barral, 1974, t. II, pp. 90 y ss.

> otorga al ser una sola única voz. Decimos Duns Escoto, porque supo llevar al ser unívoco a su más alto punto de sutileza, por más que a costa de la abstracción. Pero, de Parménides a Heidegger, es siempre la misma voz la que una y otra vez resulta, en un eco que forma por sí solo el despliegue completo de la univocidad. Una sola voz forma el clamor del ser.[19]

Es decir, el ser es como un arrollo que murmura, y los entes son el estruendo del ser, como una cascada a la que conduce.

Así, pues, Deleuze se opone a las tesis del estructuralismo, replanteando el tema del sujeto, en contra de la escisión del yo que hace el psicoanálisis, principalmente el de Lacan. Es para abrir a la libertad del deseo. Por eso habla del individuo, de lo singular, pero como acontecimiento, como una *hecceidad*, según el término de Duns Escoto. Es una vida, en la inmanencia de lo singular.[20]

Además, Deleuze supera el univocismo, en un plurivocismo, pero que no es el del equivocismo, sino que tendría que ser, entonces, el del analogismo. Porque nos dice que los conceptos son múltiples, no simplistas; entonces son multívocos, ninguno es simple o meramente unívoco, sino que abarcan en sus pliegues varios sentidos, de ahí que sea necesario desplegarlos.[21] Como se hacía con el pliegue barroco.

Más aún, podemos decir que Deleuze, tal vez sin darse cuenta del todo, llega a una postura analógica, pues dice ser univocista equivocista, en cuya síntesis consiste la analogía, esto es: un ser unívoco en una equivocidad de entes, o, de otra manera: el ser tranquilo con un clamor de entes. Dice:

> La distinción de sentidos [en la enunciación del Ser] es una distinción real (*distinctio realis*), pero nada tiene de numérica, y aún menos de

19 G. Deleuze, *Diferencia y repetición*, Madrid, Júcar, 1988, p. 89.

20 G. Deleuze, "La inmanencia: una vida...", en *Contrastes*, vol. VII, 2002, p. 235.

21 G. Deleuze y F. Guattari, *¿Qué es la filosofía?*, Barcelona, Anagrama, 1993, p. 21.

> ontológica: es una distinción formal, cualitativa o semiológica. La cuestión de saber si las categorías son directamente asimilables a tales sentidos, o más verosímilmente, derivan de ellos, debe ser dejada de lado por el momento. Lo importante es que se puedan concebir varios sentidos formalmente distintos pero referidos al ser como un solo designado, ontológicamente uno. Es verdad que semejante punto de vista no basta aún para impedirnos considerar a estos sentidos como análogos, y a la unidad del ser como una analogía. Hay que añadir que el ser, ese designado común, en tanto se expresa, se dice a la vez *en un solo y mismo sentido* de todos los designantes o expresantes numéricamente distintos.[22]

Esa distinción formal es la que propugnaba Escoto, y así ve Deleuze la diferencia. Sin embargo, nuestro pensador francés acepta la analogía, ya que la ve como un elemento semiológico del ser, y no ontológico, pero con eso ya está aceptando la analogía, al fin y al cabo.

Deleuze recoge, pues, al sujeto. Es la crítica que le hace Manfred Frank, ya que con ello recupera la metafísica.[23] De esta manera, rescatando al sujeto y a la ontología, Deleuze se aparta de la negación de la subjetividad y el rechazo de la metafísica que eran típicos del estructuralismo, y con ello se coloca en el neoestructuralismo e, incluso, en el posestructuralismo.

Otro de los que entran en esta categoría de rebeldes que van más allá del estructuralismo es Jacques Derrida (1930-2004). En *La escritura y la diferencia* (1967), nuestro autor le reprocha a Saussure que desdeña la palabra escrita y privilegia la hablada, siendo que a nuestro pensador le parece importantísima la escritura.[24] Con ese privilegio de la voz se favorece la metafísica de la presencia, pues la escritura es la que puede señalar lo que no está presente, lo *in absentia*. Ella es la que puede guardar un resto, una

---

22 G. Deleuze, *Diferencia y repetición*, pp. 88-89.

23 M. Frank, *op. cit.*, pp. 376 y ss.

24 J. Derrida, *La escritura y la diferencia*, Barcelona, Ánthropos, 1989, p. 300.

sobra o residuo, que es posible salvar del tiempo, de lo que va más allá del presente. Con esto se opone a la metafísica del presente, de la presencia.

En *De la gramatología* (también de 1967) nuestro autor vuelve a quejarse del desprecio de la palabra escrita (*gramma*), típico de Saussure y de otros, que ven la escritura como un suplemento inauténtico y alienante del habla, de la voz. En especial, se considera solamente la escritura fonética, siendo que hay otros tipos más de escritura. Por eso acusa a la cultura de fonocentrista. Señala que hay una archiescritura, que es diferencia, porque se plasma en un material distinto de la voz (como inscripción).[25] Se piensa que la voz (*foné*) es la que mejor representa el pensamiento (*logos*); por eso se trata de un logofonocentrismo. Y es producto del poder, de una adoración de lo masculino, un falocentrismo, por eso habla también de un falogocentrismo.

En cambio, él propone recuperar la escritura, hacer una gramatología. A través de una diseminación del significado, porque así éste no vuelve al patriarcalismo o machismo, pues la voz es del padre, se trata de la voz de mando, violenta. En cambio, la escritura es el remedio (el *fármacon*) en contra de todo eso, es lo que nos va a liberar de esa opresión.[26]

Derrida propone una manera de debilitar la metafísica, a saber, la desconstrucción. Se desconstruye la metafísica, y se le da acceso a la diferencia, que también es *diferición*, lo que no se alcanza nunca, lo que no es signo, sino huella, traza.[27] En efecto, la metafísica es la mitología blanca, la del occidente. Además, nuestro autor toma de Nietzsche la idea de que el lenguaje es, en su origen, metafórico. Pero considera que no tenemos una metafórica que lo explique. Es inalcanzable. No hay lingüística para esa figura o tropo. Con todo, aclara que la desconstrucción no es una negación ni una crítica, es una operación doble: la de reconocer en los autores lo que hay del régimen logocéntrico y lo que hay de indecidible.[28] Con eso se les da

[25] J. Derrida, *De la gramatología*, México, Siglo XXI, 1978 (2a. ed.), pp. 147 y ss.

[26] J. Derrida, *La diseminación*, Madrid, Fundamentos, 1975, p. 140.

[27] J. Derrida, "La différance", en *Márgenes de la filosofía*, Madrid, Cátedra, 1989, pp. 47-48.

[28] J. Derrida, "La retirada de la metáfora", en *La desconstrucción en las fronteras de la filosofía. La retirada de la metáfora*, Barcelona, Paidós, 1989, pp. 57 y ss.

un remedio, un fármaco, el cual es la escritura, como ya se ha dicho (porque saca del logocentrismo).

A pesar de su rechazo inicial de la metafísica y del sujeto, ya que Derrida los desconstruyó, al final de su trayectoria los aceptó. (Es cosa que hemos visto en los otros neoestructuralistas o posestructuralistas.) En efecto, al final de su vida declaró que era realista, en epistemología y en ontología. El que da testimonio de ello es Maurizio Ferraris, quien trabajó con Derrida los últimos años de éste. Hay un libro, cuyo título es *El gusto del secreto*, compuesto por las entrevistas que Ferraris hace a Derrida, y en él este último declara que su oposición al logocentrismo:

> era una protesta contra el *Linguistic Turn*, que con el nombre de "estructuralismo" ya estaba plenamente encaminado. La ironía, por así decir algo penoso incluso, de esta historia estriba en que a menudo, especialmente en Estados Unidos, puesto que escribí "*il n'y a pas de hors-texte*" y desarrollé un pensamiento de la huella, algunos creyeron poder derivar de ello la conclusión de que el mío era un pensamiento del lenguaje (es exactamente lo contrario); se inscribió la deconstrucción en el *Linguistic Turn*, cuando en cambio consistía en una protesta contra la lingüística.[29]

Esto viene a ser una especie de retractación de su antimetafísica del principio. Llegó a una ontología del presente o de la actualidad, como la de Foucault y la de Deleuze.

Es verdad, los tres connotados neoestructuralistas coinciden en recuperar el sujeto y la metafísica. De una manera no tan fuerte como en la modernidad, sino más debilitada, posmoderna. Por eso pueden ser llamados posestructuralistas. Inclusive, han sido vistos como los principales representantes de ese pensamiento de la posmodernidad. Es por eso que Manfred Frank cuestiona la crítica que hace Derrida a la lingüística estructural, e

[29] J. Derrida y M. Ferraris, *El gusto del secreto*, Buenos Aires, Amorrortu, 2009, p. 135.

indica que tuvo que llegar a las consecuencias que he señalado.[30] En realidad, hemos podido apreciar que lo que hace Frank es cuestionar la radicalidad estructuralista de esos tres pensadores, ya que se desviaron de ese camino, y derivaron hacia otras direcciones.

La necesidad de la analogía

Dado lo que hemos expuesto hasta aquí, podemos ver la necesidad y la oportunidad que tendría el uso del concepto de la analogía en esa corriente de pensamiento. Sus cultores pretendieron alcanzar la univocidad, la total exactitud científica.[31] Pero, al no alcanzarla, se derrumbaron en la equivocidad, en la pérdida del sujeto y de la metafísica. Esa deriva tan larga se habría evitado si hubieran dispuesto del concepto de la analogía, si lo hubieran incorporado en una racionalidad analógica.

De todos modos, se ve que los nuevos estructuralistas se acercaron a esa actitud analógica. Foucault lo hace cuando, al final de su vida, se interesa en el cuidado de sí (*epiméleia seautou*). Más que en desbancar al sujeto, se aboca al estudio de las formas de subjetivación; y, además, para el sujeto y sus derechos, recupera una ontología, al menos del presente, que es una nueva metafísica.

Lo que hace es debilitar las pretensiones de la metafísica anterior, con ansias de perennidad, y le da un carácter más histórico, una especie de inyección de contingencia, con lo cual está oponiéndose al univocismo de la metafísica moderna, y plantea una nueva metafísica (y no tanto una posmetafísica), que sea más modesta. Pero eso no significa hacerla equívoca, debilitarla hasta tal punto de volverla equivocista, sino que es la búsqueda de una metafísica analógica propiamente dicha.

30 M. Frank, *op. cit.*, pp. 460 y ss.

31 S. Montes, *Claude Lévi-Strauss. Un nuevo "Discurso del método"*, San Salvador, Dirección de Cultura del Ministerio de Educación, 1971, pp. 11-12.

Asimismo, Deleuze, a pesar de su insistencia en sostener la univocidad en su filosofar, y de todos modos conservar la diferencia por la equivocidad, conjunta ambos extremos (univocismo y equivocismo), y de proclama univocista-equivocista; pero con ello lo que está haciendo es acceder al analogismo. En ciertos momentos se opone a la analogía, pero acaba por aceptarla, porque siente la brisa del ser, uniforme y serena, para el que plantea la univocidad; pero también oye el clamor de los entes, desbordado y tormentoso, por lo que para ellos plantea la equivocidad. En definitiva, sostiene que el ser es multívoco, es decir, analógico, al modo como la diferencia se mantiene en la repetición del eterno retorno, y así la univocidad es diferencial, múltiple. Con todo, no deja de ser un analogismo bastante extraño.

Igualmente, Derrida, con su afán de defender la *diferencia* y la diferancia, desconstruye la metafísica, pero lo que en realidad hace no es destruirla, sino debilitarla, y con ello se opone a una metafísica unívoca y se coloca en la línea de la analogicidad, es decir, de una metafísica analógica. A la metafísica de la presencia le administra una saludable inyección de ausencia, al modo como Lacan señala la tristeza por el objeto perdido (la madre, la presencia más fuerte), y con ello le resta monolitismo, le baja sus pretensiones y la coloca en sus justos límites. Los de la realidad.

Por eso he dicho que a los estructuralistas les hubiera convenido la noción de analogía, para matizar el univocismo buscado, y evitar el equivocismo que los amenazaba, y en el que muchos cayeron; les habría servido para llegar a un terreno medio, que era el que en el fondo querían. En realidad, andaban a la busca de ese analogismo, con buenas aproximaciones a él. Se nota en que los neoestructuralistas lo encontraron, y por eso pueden ser llamados posestructuralistas, porque se salieron de su univocismo, pero sin caer en el equivocismo.

De hecho, una racionalidad analógica se coloca en el medio.[32] Frente al polo sintagmático y el polo paradigmático, privilegia a este último, cosa que no hizo el estructuralismo clásico, que operó al revés, poniendo de

32 M. Beuchot, *Tratado de hermenéutica analógica. Hacia un nuevo modelo de la interpretación*, México, UNAM, 2019 (6a ed.), pp. 37 y ss.

relieve el sintagmático. Pero es que el polo sintagmático es plano, superficial y horizontal; en cambio, el polo paradigmático avanza en profundidad, es hondo y vertical, tiende al fondo. Procede por repetición, y es algo que no gusta en esta época, tensionada por la novedad horizontal; pero la repetición es el lenguaje del afecto, inclusive del inconsciente, y se le tiene miedo.

Asimismo, entre el polo metonímico y el polo metafórico, la racionalidad analógica privilegia a este último. De hecho, Lacan sostuvo que la cadena metonímica enloquece, y que hay que hacerle escansión con una metáfora; y es la metáfora la que abre a la libertad. La metonimia procede por contigüidad, ata a la realidad, tensiona hacia la univocidad; en cambio, la metáfora procede por semejanza, abre a la idealidad, a la utopía, tiende a la equivocidad, pero es equilibrada por la analogía, a la que pertenece.

Por eso la cultura actual, posestructuralista, necesita de una racionalidad analógica, un nuevo discurso del método, pero de uno que no pretenda la univocidad, la cual resultó inalcanzable. Fueron buenas lecciones las que nos han dado el estructuralismo clásico, con su univocismo trunco, y el neoestructuralismo, con su equivocismo arrepentido; necesitamos un posestructuralismo que saque provecho de esas lecciones y, en lugar de encerrarse en la univocidad, o difuminarse en la equivocidad, busque una salida analógica. Eso será más promisorio.

Reflexión

Se nos ha mostrado la situación por la que al neoestructuralismo lo podemos llamar posestructuralismo. Rechazó tesis principales del estructuralismo. En su etapa más madura, los estructuralistas llegaron a la negación del sujeto o, al menos, a su puesta entre paréntesis; igualmente, y por lo mismo, pusieron en entredicho la metafísica, que en la modernidad había sido del sujeto. Pero acabaron aceptando el sujeto, replanteado, pero, al fin y al cabo, la subjetividad; y con eso recuperaron la metafísica, modificada como ontología del presente, o de la actualidad. Así, pasaron más allá de los límites del estructuralismo clásico.

La razón de ello estriba en que trataron a toda costa de alcanzar la cientificidad, esto es, la univocidad completa. Ese cientificismo o univocismo se mostró inalcanzable, y entonces se despeñaron en la equivocidad, en derivas infinitas como las que se vieron en los neoestructuralistas o posestructuralistas; y eso se hubiera evitado con una sensibilidad que acogiera la analogía, que se abriera a una racionalidad analógica.

Esta racionalidad analógica, este nuevo discurso del método, pero uno moderado y prudencial, es el verdadero posestructuralismo, ya que el estructuralismo clásico se encerró en el univocismo, y el neoestructuralismo se derrumbó en la equivocidad, llamada entonces relativismo, que es otro nombre para la pérdida del camino.

Debemos sentirnos satisfechos con lo que hemos logrado, pues hemos podido salir del marasmo equivocista de la posmodernidad, sin recaer en la rigidez univocista de la modernidad, sino que hemos establecido unas cuantas líneas de una racionalidad analógica, que tiene ganancias de las dos anteriores, pero evitando sus inconvenientes, que es lo que nos ha enseñado la historia.

Ciertamente, el estructuralismo ya pasó; fue cosa de los años sesenta y setenta del siglo pasado. Además, como hemos visto, los posestructuralistas lo criticaron acerbamente. Estos descendientes del estructuralismo configuraron el pensamiento posmoderno, el cual también ya está de salida. Sin embargo, nos muestran las deficiencias de esa corriente anterior, para que no se vuelva a repetir, para que aprendamos de los errores que cometemos. En ese sentido, la historia debe ser maestra para nosotros. No podemos darnos el lujo de repetir errores. Hay que tratar de aprovecharlos no destructivamente, sino para construir de mejor manera nuestro edificio filosófico.

Conclusión

Hemos aprovechado las lecciones de esa corriente que fue el estructuralismo, a través de sus críticos, los cuales pertenecieron a ella y después conformaron la filosofía de la posmodernidad. Siempre hay que tratar de avanzar, en el sentido de tomar en cuenta el pensamiento anterior y aprender de él. Tal es la significación de los clásicos, que siempre tienen algo que aportarnos. De nosotros depende aprovechar su legado.

Capítulo VI

El realismo cognoscitivo de Luis Villoro y su relevancia para nuestro tiempo

Introducción

En lo que sigue trataré de abordar el realismo que sostuvo Luis Villoro en teoría del conocimiento o epistemología general. Él fue uno de nuestros grandes maestros. Nos dejó su impronta filosófica en muchos sentidos, por lo que puede decirse que marcó el pensamiento que se viene desarrollando en México en estos días.

Ofreceré, primero, una presentación del realismo epistemológico de Villoro en sus líneas fundamentales. Después añadiré unas reflexiones personales, sobre todo indicando la influencia que recibí de Villoro hacia un realismo analógico. En varias conversaciones, él me impulsó a desarrollar mi propuesta de una hermenéutica analógica y pasar a una racionalidad analógica. En ella se engarza ese realismo analógico. Es lo que Villoro me aportó con su guía, y creo que señalar este influjo suyo, ampliado, es el mejor homenaje que puedo hacerle.

El realismo "fuerte" de Villoro

Luis Villoro publicó, en 1982, un libro que nos marcó a quienes trabajábamos en el Instituto de Investigaciones Filosóficas y desde allí intentábamos seguir los cauces metodológicos de la filosofía analítica, hacia diferentes aplicaciones (en mi caso, al aristotelismo, como lo hacían ya Lukasiewicz, Bochenski, Geach, Anscombe, Kenny y otros). Se trataba de *Creer, saber, conocer*.[1] En ese trabajo de epistemología trata el tema de la objetividad y la verdad, y sustenta un realismo con el que siempre simpaticé, más fuerte que los de otros pensadores que presentaban actitudes realistas (entre ellos, nuestro colega León Olivé).

Para Villoro, la objetividad es relativa a comunidades epistémicas, pero la verdad no lo es. Entiende la verdad a la manera de Tarski, muy cercana al correspondentismo aristotélico. Tiene, pues, una postura metafísica realista: hay una realidad independiente de la mente, y la verdad consiste en que lo pensado/expresado corresponda a los hechos que se dan en la realidad.[2] Siempre me sentí muy cercano a esa posición realista "fuerte" de Villoro, por eso trataré de defenderla de las agudas objeciones que le lanzara León Olivé.

Después de la aparición del libro de Villoro, las réplicas no se hicieron esperar. León Olivé fue uno de los que más persistentemente debatieron con Villoro el asunto de la verdad y del realismo. Así, en "Villoro: sobre verdad, objetividad y saber", de 1984 (recogido después en su libro *Conocimiento, sociedad y realidad*, de 1988), Olivé sostuvo que la objetividad y la verdad son conceptos epistémicos y sociales. Distingue entre objetividad y verdad. La primera es aceptabilidad racional, mientras que la segunda es aceptabilidad racional en condiciones ideales.[3] Algo puede ser objetivo sin ser verdadero y a la inversa. Porque la objetividad tiene que ver con la intersubjetividad, es decir, da razones para justificar algo, y eso es una cosa que se hace en el diálogo entre los miembros de una comunidad epistémica.

Eso podría tener cierto relativismo con respecto a marcos conceptuales, pero la verdad no puede tenerlo (hay universalidad de la verdad y relatividad de la objetividad).[4] Es decir, se puede ser relativista en cuanto a la

---

1 L. Villoro, *Creer, saber, conocer*, México, Siglo XXI, 1982. Véase una reseña mía de esa obra en *Diálogos*, núm. 115, México, El Colegio de México, 1984, pp. 79-80.

2 L. Villoro, *op. cit.*, p. 176.

3 El mencionado artículo apareció en *Crítica*, vol. XVI, núm. 48, 1984, pp. 79-103; y pasó después a ser uno de los capítulos del libro L. Olivé, *Conocimiento, sociedad y realidad. Problemas del análisis del conocimiento y el realismo científico*, México, FCE, 1988, p. 144. Lo citaré por esta edición.

4 *Ibid.*, p. 175.

objetividad, pero no en cuanto a la verdad. Con todo, la verdad no es metafísica, sino epistémica, depende de los marcos conceptuales, aunque alude a una realidad. Una realidad con la que no mantiene relación de adecuación, esto es, no se trata de una realidad como correspondencia, ya que ésta supone un realismo metafísico, y aquí se está dando cabida a un realismo epistémico, que depende de los marcos conceptuales. Por lo demás, la objetividad no es relativa a los individuos de la comunidad, sino a los marcos conceptuales de la comunidad misma.[5]

Yo estaría de acuerdo en que hay un sentido muy aceptable de "relativismo", es decir, es innegable que nuestros conocimientos están de alguna manera condicionados o determinados, o por lo menos predispuestos o sesgados, por nuestro punto de vista o perspectiva, que hace que un individuo de otra cultura (o incluso de la misma) vea las cosas de manera diferente. Pero el problema es decir hasta qué punto eso sucede (y en esa medida se podría ser relativista): por ejemplo, si sólo a nivel conceptual o también empírico; y, si en el nivel conceptual, si en las cosas morales, en las físicas, en las ontológicas y hasta en las lógicas.

Una cosa que por supuesto se rechaza es el relativismo absoluto, el cual es autocontradictorio. Hay, entonces, un relativismo diferente, llamado por Olivé "relativismo moderadamente radical", como el de Dewey. No se niega la realidad extramental, pero se niega que ya esté dada. Es un poco como en el realismo interno de Hilary Putnam, contrario al realismo metafísico de Wilfrid Sellars, en el que la realidad ya está dada, y se sostiene más bien que la realidad es estructurada por nuestros marcos conceptuales.

Es precisamente la objeción que Olivé hace a Villoro, al cual señala como situado en la línea del realismo metafísico, porque para él el mundo de los hechos está ya constituido, de manera independiente de la mente, y la verdad no es relativa a marcos conceptuales. Buena parte de la reflexión de Olivé sobre estos asuntos se dio por reacción a las tesis de Villoro. Así, el argumento de Villoro en favor de su realismo metafísico, basado en que puede explicar el éxito de la ciencia, es objetado por Olivé diciendo que, aun

5 *Ibid.*, p. 159.

cuando la existencia de un mundo ya hecho puede explicar dicho éxito, no es la única explicación. Al igual que el realismo metafísico dice que hay una única descripción verdadera de la realidad, a lo cual el realismo interno de Putnam opone el que puede haber más de una. Por lo demás, las mismas cosas que dice el realista metafísico puede reelaborarlas el realista epistémico, sólo que en relación con marcos conceptuales.

Lo que suple aquí a la verdad como correspondencia entre proposiciones y hechos es la verdad como aceptabilidad *idealizada*, esto es, para cualquier sujeto.[6] Esto suena al "auditorio ideal" de Perelman, que es un auditorio inexistente, o al oyente ideal de Apel y de Habermas, el cual es una abstracción, por lo que ya se está universalizando, pero sin tomar en cuenta lo concreto.

Olivé expresa así su postura:

> Por mi parte considero que un genuino realismo debe aceptar que *hay* una realidad no contaminada por conceptualizaciones, es decir, independiente de todo marco conceptual. Pero igualmente debe rechazar la idea de que existe un único, verdadero y completo marco conceptual que ofrece *la* descripción correcta de la realidad. Eso quiere decir que deben admitirse los diversos marcos, correspondientes a diversos puntos de vista, y que aun siendo diferentes pueden ser correctos. La noción de objeto auto-identificante debe rechazarse por incoherente (pues sólo hay identificación desde marcos conceptuales y no desde los objetos), o porque si se hace coherente se llega a una metafísica indeseable.[7]

Como se ve, está del lado de Putnam.

[6] *Ibid.*, p. 154.

[7] *Ibid.*, p. 155.

Olivé expone tres razones por las que debe abandonarse la noción correspondentista metafísica de la verdad:

> 1) nadie ha ofrecido una adecuada elucidación de este tipo de correspondencia (pero ésta podría ser una desventaja contingente y superable); 2) si se lleva hasta sus últimas consecuencias, la idea de la correspondencia metafísica debe ir acompañada de la aceptación de una única verdadera y completa descripción del mundo, la cual equivale a reconocer que hay objetos auto-identificantes, pero entonces debe admitirse una identidad entre realidad y razón, o realidad y discurso, lo cual es una tesis metafísica indeseable, y 3) esa noción de verdad es incoherente con una perspectiva social que permita entender la existencia de diferentes puntos de vista o de marcos conceptuales, los cuales sin embargo pueden describir adecuadamente una realidad.[8]

La razón 1 es la más débil. La razón 2, en el caso de Aristóteles, obliga a distinguir diferentes tipos de correspondencia, ya que, aun adoptando una posición correspondentista, es válido admitir que puede haber varias descripciones verdaderas de la realidad, sólo que unas más verdaderas que otras, de acuerdo con el principio del conocimiento analógico, según el cual hay varias maneras de acercarse a la verdad, que está en un límite ideal; es decir, cree que la correspondencia no implica necesariamente que hay una sola descripción verdadera de la realidad, sino que hay una que se acerca más a la verdad que las otras, sin agotarla o casar completa y exclusivamente con ella. Hay grados de correspondencia con la realidad, lo cual no contempla Olivé como posibilidad.

Lo que no se ve claro en la exposición de Olivé es cómo podría excluir la obligación que él rechaza de tener que aceptar "el verdadero y completo marco conceptual" al cual tienden los marcos conceptuales de hecho producidos.[9] ¿Cómo se origina un marco conceptual? ¿Es impensable un Adán

[8] *Ibid.*, pp. 159-160.

[9] *Ibid.*, p. 160.

antes del surgimiento de todo marco conceptual? ¿Quién dio origen a los marcos conceptuales? Es decir, el utilizar condiciones ideales lleva a asumirlas en todos los casos; así, si la verdad es la aceptabilidad por un sujeto en condiciones epistémicas ideales, esa situación que se dice que no es utópica lleva a pensar que es cuando se da un marco conceptual apropiado, y que el conjunto de estos marcos parciales apropiados es "el verdadero y completo marco conceptual".

En efecto, Olivé dice que la verdad es la aceptabilidad de una proposición por parte de un sujeto *independientemente* de los marcos conceptuales. ¿Hay una situación independiente de dichos marcos? ¿No es una situación contradictoria? ¿No *toda* situación de aceptabilidad es relativa a tales marcos? ¿Cuál es esa situación independiente: se trascienden todos los marcos o se ponen en entredicho?, ¿se abstrae de ellos o se llega a un marco que supere a todos? Vuelve a sonarnos la idea de Perelman del auditorio razonable universal, el cual no existe de hecho.

Para apoyar su rechazo de la relativización de la verdad a sociedades, marcos o individuos, Olivé distingue entre la aceptabilidad ideal por todo sujeto, que caracteriza a la verdad, y el problema de "si los marcos conceptuales a disposición de sociedades específicas tienen recursos suficientes para expresar a 'P', y si los usuarios de esos marcos, los sujetos de una sociedad específica, tienen recursos, conocimiento previo disponible, relaciones sociales adecuadas, para reconocer la verdad de 'P'". De esa manera, 'P' será objetiva para ellos, además de verdadera; pero del hecho de que sea objetiva no se desprende que sea verdadera, como del hecho de que no sea objetiva no se desprende que no sea verdadera.

La verdad y la objetividad tienen intersección en algunos casos, no en todos. Esa intersección entre objetividad y verdad ¿es la condición ideal? Queda pendiente elucidar esa extraña y paradisíaca situación ideal de aceptabilidad, para ver cuándo se da y cómo se llega a ella. Sobre todo cómo se llega a ella. Para poder ejercer esa mayéutica socráticamente con todos.

En cuanto a la racionalidad, hay un sentido en que Olivé la considera universal y no sólo relativa, a saber, como facultad o potencialidad de los seres humanos; pues, aun cuando de hecho haya muchas cosas irracionales, tiene la facultad de la razón. Esto se parece al adagio clásico de que las definiciones se refieren a la potencia y no al acto: en los actos los hombres pueden manifestar irracionalidad, pero en la potencia siguen siendo racionales. En efecto, "puede reconocerse que existe un núcleo de presupuestos de la acción social, el cual es genuinamente universal, y debe entonces distinguirse de lo que en nuestro contexto sociocultural llamamos racionalidad".[10]

Por ejemplo, uno de estos presupuestos es lo que Olivé llama el "principio débil de no contradicción", el cual impide que se acepten todas las proposiciones formables en un lenguaje, al menos una quedaría excluida. Éste es uno de los principios que no pueden ser violados por una comunidad so pena de fracasar en la comunicación. Sólo las pruebas y el reconocimiento de su verdad, pero no la verdad misma, es lo que se relativiza a un contexto social. Olivé distingue el relativismo cultural, que acepta en ese sentido, del relativismo conceptual, que considera insostenible.

De este modo, vemos que, aun cuando son muy atendibles las objeciones de Olivé a Villoro, el realismo "fuerte" de éste sigue incólume, pues conserva su validez dentro de las diferentes explicaciones del conocimiento. No en balde el propio Hilary Putnam llegó a decir que hay varios tipos de realismo, como lo expresa el título de su libro *The many Faces of Realism*, de 1987. Y el realismo de Villoro ha tenido fecundas aplicaciones, como al diálogo intercultural, entre nuestros pueblos originarios y nuestros gobiernos.[11]

Ciencia y sabiduría

Pasaré ahora a una aplicación que hizo el propio Villoro de su realismo epistemológico, a saber, a la noción misma de filosofía. Se nos dice que ella, más que una ciencia, es una sabiduría. Pues bien, nuestro pensador dio muestras de esa sapiencia y, además, nos dejó buenas indicaciones de ella en sus

[10] *Ibid.*, p. 185.

[11] M. Beuchot, "Sobre el diálogo intercultural. Reflexiones a partir de Luis Villoro", en R. Alcalá Campos (coord.), *Los caminos de la interculturalidad. Homenaje a Luis Villoro*, México, Porrúa, 2015, pp. 85 y ss.

escritos, singularmente en el que me ha servido de base, el libro *Creer, saber, conocer*, ya citado. Trataré de recuperar sus líneas esenciales, para que se vea su concepción de la sabiduría, que es, precisamente, la filosofía, tal como él la entendía y la practicó.

En ese libro, Villoro sitúa su investigación en un contexto más amplio que el contenido expresado por el título de *Creer, saber, conocer*. Tal contexto abarcaría las relaciones entre el pensamiento y las formas de dominación, para buscar los caminos hacia la libertad. Aquí sólo trata la parte correspondiente al problema del pensamiento, el cual ya de por sí forma una totalidad bien integrada. Villoro lo ve, sin embargo, como preparatorio para el estudio de esas relaciones cuyo tratamiento promete. Visto como una unidad, este libro sobre el creer, el saber y el conocer presenta un orden interno constituido por el acucioso análisis de cada noción que considera. Todo ello es conducido hasta culminar en la relación del conocimiento con la praxis y, consiguientemente, con la ética.

Así, el libro de Villoro no se queda en un análisis frío de las nociones mencionadas, sino que quiere ser una reflexión profunda y detallada sobre problemas que en verdad atañen al hombre: la naturaleza y la justificación del creer, el saber y el conocer. Se ha dicho que la filosofía reciente se ha centrado en el lenguaje, desplazando los demás problemas. En la obra de Villoro encontramos una prueba fehaciente de que, a partir del lenguaje, la filosofía actual puede rendir cuenta de las nociones y problemas gnoseológicos, metafísicos, éticos, etcétera, que siempre son de actualidad. Y lo mismo puede constatarse en filósofos de otros ámbitos que corrientemente han cargado el sambenito de hacer caso omiso de esta problemática humana.

Delimitando su método filosófico, más que reducirse a los hechos, Villoro analiza estos problemas a través de sus respectivos conceptos, concretamente: los conceptos epistémicos principales. Uno asocia entonces todo esto con la obra de filósofos que han tenido un proyecto semejante; ciertamente filósofos de extraña clarividencia, como J. Hintikka, E. Gettier, R. Chisholm y H.-N. Castañeda, entre otros. Me resulta estimulante el que un gran sector de la filosofía actual, con un alto índice de laboriosidad y seriedad, se abra a problemas de hondas repercusiones sociales.

En cuanto al tema que estudia, Villoro se preocupa muy filosóficamente por definir la naturaleza de la creencia, el saber y el conocer. Pero también se preocupa más filosóficamente aún por la justificación de nuestro creer, saber y conocer.

Atendamos primeramente a su búsqueda de las definiciones, que ya de por sí supone una ardua "cacería" (lo que los antiguos llamaban *venatio definitionis*), dado que requiere un atento examen de los hechos y del lenguaje.

La creencia, después de considerar diversas concepciones sobre la misma y sus respectivas dificultades, es definida mediante condiciones necesarias: "*S* cree que *p* si y sólo si: (i) *S* está en un estado adquirido *x* de disposición a responder de determinada manera ante variadas circunstancias: (ii) *p* ha sido aprehendido por *S*; (iii) p determina *x*".[12] *S* es el sujeto concreto, *p* es una proposición, y *x* el estado adquirido de disposición a responder. De ello surge la siguiente definición de creencia: "un estado disposicional adquirido, que causa un conjunto coherente de respuestas y que está determinado por un objeto o situación objetiva aprehendidos".[13] Es una definición aceptable, que prepara la definición del saber y se conecta con ella.

El saber es definido como "creer algo por razones objetivamente suficientes".[14] Esto conduce a los problemas de la verdad y la existencia, los cuales se sintetizan en el concepto de conocer.

De esta suerte, el conocer exige las siguientes condiciones necesarias:

> (i) Tener o haber tenido experiencias directas de *x* [un objeto o hecho] (y, por ende, que *x* exista). (ii) Integrar en la unidad de un objeto x diferentes experiencias de *x*. (iii) Poder tener ciertas respuestas intelectuales adecuadas frente a *x*.[15]

---

12 L. Villoro, *op. cit.*, p. 71.

13 *Idem.*

14 *Ibid.*, p. 139.

15 *Ibid.*, p, 207.

Es bueno recordar que una definición es un esquema, por lo que basta con aducir las condiciones necesarias de lo que se define: exigir que sean necesarias y suficientes es pedir demasiado. Resuena aquí el adagio tradicional: la definición sólo requiere aplicarse en potencia a lo que define.

Pero más interesante aún es el tópico de la justificación. ¿Cómo justificamos nuestras creencias, nuestro saber y nuestro conocer? Además de tomar en cuenta los *motivos*, Villoro se centra en las *razones* con las que apoyamos creencias, saberes y conocimientos.

Esto hace entrar en relación con la noción de explicación. Villoro prefiere entender la explicación-justificación como relación de inferencia. En el campo de la creencia, esto se hace aun si no hay conciencia de tal inferencia justificadora. En el campo del saber, han de tomarse muy en cuenta la objetividad y la intersubjetividad: Villoro se inclina por la dimensión "pragmática" que introduce la comunidad epistémica, lo cual marca una diferencia entre la justificación de su saber. También el saber y el conocer se justifican de manera distinta.

En concreto, el conocer a diferencia del saber, que se justifica en razones objetivamente suficientes se justifica en experiencias directas. Por lo demás, también hay diversos tipos de conocer, que postulan diferentes modos de justificación. Si se pregunta por el factor común del conocer, por el conocer en general, sólo podría darse una definición muy abstracta (y que se concretiza real y efectivamente en varias modalidades): "es un estado disposicional a actuar, adquirido, determinado por un objeto o situación objetiva aprehendidos, que se acompaña de una garantía segura de acierto".[16] Dentro de los tipos de conocimiento, Villoro rescata el saber sapiencial, la sabiduría, y lo relaciona en cuanto a los motivos y justificaciones con las comunidades sapienciales.

Finalmente, considero de gran valor algunas aclaraciones que hace Villoro al relacionar el conocimiento con la práctica. Especialmente, evita la exageración de la praxis como criterio de verdad que ciertamente obedece a una comprensión inexacta del concepto de praxis, así como también ayuda

[16] *Ibid.*, p. 221.

a evitar el polo opuesto: el ideal del saber por el saber. Todo esto lo pone en camino de una ética del conocimiento, que busca para conquistar una de las metas más preciadas del hombre: la libertad.

Después de haber expuesto lo anterior, veo que me sigo sintiendo muy inclinado hacia el realismo ontológico de Villoro, más que al que propone Putnam. La diferencia está en que no creo que nuestros marcos conceptuales den también la existencia a las cosas, además de su cognoscibilidad por nuestra parte. Prefiero decir, como hace Villoro, que la realidad es epistémica o gnoseológicamente dependiente, pero ontológicamente independiente; y que con esto no se tiene un realismo "metafísico" (en el sentido de Putnam), sino un realismo "ontológico".

Putnam sostiene que la realidad es en parte dependiente y en parte independiente ontológicamente, y que la parte dependiente es un subconjunto de la parte ontológicamente independiente; pero debo confesar que eso no me queda nada claro, ni siquiera conjuntísticamente, ya que, si la realidad dependiente es un subconjunto de la independiente, una parte de la realidad independiente sería dependiente, lo cual no entiendo.

Por eso me parece mejor sostener, como lo hizo Villoro, que hay una realidad independiente ontológicamente y dependiente gnoseológicamente. Creo que se puede alegar algo que el mismo Putnam acepta. En polémica con Nelson Goodman, Putnam llega a decir que las clases naturales no son completamente epistémicas. Ontológicamente, nosotros construimos la noción de *constelación*, pero no la de *estrella* o *astro*. La clase de las constelaciones es arbitraria, porque cambian de cultura a cultura; por ejemplo, los griegos veían unas, los chinos otras, etcétera. Pero la clase de los astros es natural, porque no puede ser al menos no totalmente construida por nuestros marcos conceptuales, intereses y recursos cognoscitivos.[17]

Así, pues, la postura epistemológica de Villoro se sostiene y es fecunda en explicaciones. Es una muestra de su validez. Yo he tratado de aprovecharla para mis reflexiones epistemológicas, a las que paso a continuación.

[17] Véase H. Putnam, *Cómo renovar la filosofía*, Madrid, Cátedra, 1994, pp. 166-169.

Hacia un realismo analógico, señalado por Villoro

Termino ahora con unos breves apuntes del realismo que he desarrollado a partir del que nos dejó nuestro maestro, Luis Villoro. Él siempre me apoyó y alentó en mi propuesta de una hermenéutica analógica, diciéndome que llegara a una racionalidad analógica. Y es, precisamente, dentro de ella donde he planteado un realismo analógico.[18]

El realismo "fuerte" de Villoro así lo llamaba él mismo me marcó el camino. Lo he tratado de recorrer. Primero yo planteaba la necesidad de recuperar el realismo, frente a las críticas de algunos filósofos analíticos, principalmente Peter F. Strawson y Donald Davidson; otros pragmatistas, como Richard Rorty; y algunos entre la pragmática y la hermenéutica, como Karl Otto Apel. También abordé el realismo interno de Putnam.

Exceptuando a Rorty, pude tener discusiones sobre el tema con los anteriormente citados, y conté con sus respuestas, algunas de las cuales quedaron publicadas. En efecto, en 1984 tuve una discusión con Davidson, con la ponencia "Pensamiento y lenguaje en la semántica de D. Davidson", en el marco del V Simposio Internacional de Filosofía, del Instituto de Investigaciones Filosóficas de la Universidad Nacional Autónoma de México (UNAM, en Xalapa, Veracruz, 20-24 de agosto de 1984).[19]

También discutí con Apel, mediante la ponencia "La verdad hermenéutica y pragmática en Karl-Otto Apel", en el Simposio sobre la obra de este filósofo, en la Universidad Iberoamericana, México, D. F., el 29 de febrero de 1991.[20] Discutí, asimismo, con Putnam, con la ponencia "Realismo y clases naturales", en el XI Simposio Internacional de Filosofía, del Instituto de Investigaciones Filosóficas de la UNAM, en Taxco, Guerrero, el 25 de agosto de

18 Véase más por extenso en M. Beuchot, *Epistemología y hermenéutica analógica*, San Luis Potosí, Instituto de Investigaciones Humanísticas de la Universidad Autónoma de San Luis Potosí, 2011.

19 M. Beuchot, "Breves consideraciones sobre el problema pensamiento-lenguaje en D. Davidson", en E. Villanueva (comp.), *Quinto Simposio Internacional de Filosofía*, México, UNAM, 1992, vol. I, pp. 73-75. [La respuesta de Davidson está en las pp. 77-79.]

20 M. Beuchot, "La verdad hermenéutica y pragmática en Karl-Otto Apel", en S. Arriarán y J. R. Sanabria (comps.), *Hermenéutica, educación y ética discursiva (en torno a un debate con Karl-Otto Apel)*, México, UIA, 1995, pp. 55-66. [La respuesta de Apel está en las pp. 67-71.]

1992.[21] Igualmente, discutí con Strawson, en un volumen colectivo compilado por Carlos Caorsi, de la Universidad de Montevideo, en 1993.[22]

Esas discusiones me sirvieron para precisar mi postura y el sesgo del realismo analógico que el propio Luis Villoro me pedía que desarrollara. La razón es que en la actualidad hace falta recuperar el realismo, debido al exagerado relativismo posmoderno. Pero no un Realismo así, sin más, o con mayúsculas, sino, por supuesto, cierto realismo. Por eso no puede ser un realismo ingenuo, como el "realismo científico" que adoptaron los positivistas lógicos (Putnam dice que piensa en ellos cuando habla de "realismo metafísico", sobre todo en Wilfrid Sellars, y los rechaza). Ése es un realismo unívoco, demasiado duro, incluso naif, inaceptable. Pero ahora el relativismo ha minado el realismo. Incluso el realismo interno de Putnam ha sido visto como demasiado relativista, casi contradictorio. Sería un realismo equívoco, que me resulta inaceptable. Por eso se necesita un realismo analógico, que no tenga la rigidez del unívoco, pero tampoco la elasticidad excesiva del equívoco.

En la necesidad de ese realismo me ha confirmado el que recientemente mi amigo Maurizio Ferraris ha lanzado: el manifiesto de un "Nuevo realismo". Eso me parece importante y oportuno, contra el relativismo posmoderno. Pero el suyo me suena un tanto demasiado fuerte, aunque ha ido cambiando. En primer lugar, surgió por oposición al relativismo extremo de su maestro Gianni Vattimo, connotado filósofo posmoderno. Por otro lado, lo está construyendo a partir de John Searle, lo cual habla de la impronta de la filosofía analítica que tendrá ese realismo. Abrigo el temor de que sea un realismo demasiado unívoco todavía.

Por eso con un filósofo argentino, José Luis Jerez, he trabajado en la línea de la construcción de un realismo analógico. Éste trata de apoyar la empresa de Ferraris, pues es necesario revitalizar el realismo, que estaba tan vilipendiado. Pero también intenta aceptar las críticas que se han hecho

[21] M. Buchot, "Realismo, epistemología y clases naturales en Hilary Putnam", en *Diánoia* núm. 38, 1992, pp. 107-113. [Las respuestas de Putnam no se publicaron, por cuestiones de derechos de autor.]

[22] M. Beuchot, "La teoría de la verdad en Strawson", en C. E. Caorsi (ed.), *Ensayos sobre Strawson*, Montevideo, Uruguay, Universidad de la República, 1993, pp. 7-27. [La respuesta de Strawson está en las pp. 181-184.]

a un realismo demasiado pretencioso, y por eso busca evitar el construir un realismo unívoco, tal como el de los positivistas lógicos; pero también quiere evitar caer en un relativismo excesivo, como el que no deja de ostentar el realismo interno o pragmatista (ha recibido diversos nombres) de Putnam. Ése sería un realismo equívoco.

¿Qué sería ese realismo analógico? Un realismo así es de cepa aristotélica, pero pasado por las críticas de los filósofos analíticos, pragmatistas y hermeneutas que han cuestionado los realismos demasiado rígidos y pretenciosos. Con todo, es suficientemente "fuerte" como para oponerse a los relativismos de los posmodernos. Por eso me parece que se coloca en la línea trazada por nuestro maestro Luis Villoro.

Esto se encuentra, por ejemplo, en el libro que escribí con José Luis Jerez, *Manifiesto del nuevo realismo analógico* (Neuquén, Argentina, Editorial Círculo Hermenéutico, 2013), y traducido al italiano por petición de Maurizio Ferraris en Milán y Udine, Mimesis Edizioni, 2015. Jerez y yo esperamos que este realismo analógico, en la línea de una hermenéutica analógica, preste un servicio a la filosofía latinoamericana.

En efecto, esta propuesta ha sido considerada por Mario Magallón, del Centro de Investigaciones sobre América Latina y el Caribe (CIALC) de la UNAM, y Juan de Dios Escalante, de la Universidad Autónoma de Querétaro (UAQ), como un producto filosófico latinoamericano.[23] También lo han visto como algo, dentro de la filosofía mexicana, que es novedoso. Por eso he escrito otro libro con Luis Eduardo Primero Rivas, intitulado *Perfil de la nueva epistemología* (México, CAPUB, 2012; 2a ed., México, Publicar al Sur Editorial, 2022). Es decir, se la ve como una nueva epistemología, una que se coloca en el Sur, es decir, en América Latina.

En efecto, el antirrealismo, el relativismo extremo y otras corrientes han agotado su periplo (la posmodernidad ya está de salida), y se siente el retorno del realismo (como el nuevo realismo, de Ferraris y su grupo) con nuevos estudios sobre ontología y epistemología, que tratan de recuperar

[23] M. Magallón Anaya y J. D. Escalante Rodríguez (coords.), *América Latina y su episteme analógica*, México, ALC-UNAM, 2014, pp. 12 y 17.

la realidad, pero sin la ingenuidad de los realismos que no aceptaban ninguna mediación.

En nuestro caso, superando los relativismos extremos de los marcos conceptuales, perspectivas, intereses, etcétera, queremos un realismo crítico, pero decidido. Es decir, un realismo que tome en cuenta las críticas, objeciones y discusiones que ha recibido esta postura de filósofos analíticos, pragmatistas y hermeneutas, para reconstruir el edificio, pero con una conciencia del saludable paso por la reflexión autocrítica. Quizá ése sea el mayor realismo posible, uno que ha pasado por el diálogo, el debate y la reflexión en la que se pueda partir de la experiencia misma. Ahora necesitamos un planteamiento diferente y nuevo, según las corrientes que nos tocan en la filosofía actual (la filosofía analítica y la posmoderna). Siempre nuestro diálogo se da con la gente de nuestro tiempo.

El propio Maurizio Ferraris ha considerado que el realismo analógico que estoy desarrollando forma parte del movimiento del "nuevo realismo" que él ha desatado recientemente. Esta corriente cuenta con exponentes célebres, como Markus Gabriel, Quentin Meillassoux, Graham Harman y otros. Pero sigue vigente el peligro de que se retorne al realismo unívoco de la modernidad cientificista, o que se vaya otra vez al realismo equívoco de la posmodernidad relativista; hace falta un realismo analógico, que no tenga la rigidez del unívoco, pero tampoco la disolución del equívoco. Este realismo analógico ya forma parte de esa vertiente del "nuevo realismo", tal como lo ha reconocido Ferraris, quien lo incluye como una parte de ese movimiento.

Dice expresamente: "El Décimo Coloquio de Hermenéutica Analógica llevado a cabo en la Universidad Nacional Autónoma de México (UNAM) del 14 al 16 de octubre de 2014 se llamó 'Una nueva hermenéutica para un nuevo realismo'".[24] De modo que el nuevo realismo analógico no solamente ha sido reconocido y ha recibido carta de ciudadanía en Latinoamérica, sino también en Europa, con lo que se está constituyendo como algo más allá de

[24] M. Ferraris, "Realismo por venir", en M. T. Ramírez (coord.), *El nuevo realismo. La filosofía del siglo XXI*, México, Siglo XXI, 2016, p. 66, nota 82. Lo dice también en *Introducción al nuevo realismo*, Neuquén, Argentina, Círculo Hermenéutico, 2014, p. 8; y en "Surgimiento y desarrollo del nuevo realismo", en *Estudios Filosóficos*, vol. LXVIII, núm. 199, Valladolid, España, 2019, p. 433, nota 74.

nuestras fronteras. Todo para servir a nuestra filosofía mexicana, como fue el espíritu que mostró Villoro en su momento.

Conclusión

Según puede verse, Luis Villoro ha ejercido un magisterio filosófico muy notable en México, por el cual le estamos agradecidos. Yo nunca tuve la suerte de ser su alumno, pero la tuve de ser su amigo y colega en el Instituto de Investigaciones Filosóficas de la UNAM. Allí pude hablar mucho con él acerca del realismo analógico, al cual vio con buenos ojos, porque se coloca en la línea de un realismo consistente, que él siempre defendió. Es un resultado de su enseñanza. Ése fue el magisterio suyo al que aludo, y el haber continuado en su perspectiva es el mejor homenaje que puedo rendir a su memoria.

Capítulo VII

Algunos ejemplos de aplicaciones de la hermenéutica analógica: el caso de los derechos humanos

Introducción

Pondré aquí algunos ejemplos de la utilización de la analogía. Uno será el de Bartolomé de las Casas y su esfuerzo por comprender la cultura indígena, es decir, su ejercicio de interculturalidad. Y, ya que con esa labor Las Casas defendió los derechos humanos de los indios, pasaremos a otro ejemplo, que es el de los derechos humanos a la luz de este instrumento de interpretación. Además, otro será el de la dignidad humana y la fundamentación de tan importantes prerrogativas.

Con esto se verá la potencia del concepto de la analogía, el cual, empotrado en la disciplina de la interpretación dentro de la filosofía, nos dará una hermenéutica analógica. Considero que ésta tiene utilidad y que es pertinente para el pensamiento actual, que ya necesita aires nuevos y más frescos, para acceder a terrenos más fecundos. Los frutos que surgirán de ello no se harán esperar.

El analogismo de Bartolomé de las Casas

Vayamos, pues, primero a la labor de Bartolomé de las Casas dentro de la interculturalidad. Trataré de presentar algunos aspectos de su trabajo en favor de la convivencia de los españoles con los indígenas. Nuestro autor fue misionero en las Indias en pleno siglo XVI. Venía con los españoles, pero se opuso a las injusticias que cometían, porque captaba claramente que iban contra toda ética.[1]

Defendió a los indígenas y sus derechos naturales, que son lo que ahora llamamos derechos humanos. También lo hizo con los negros; pues, aunque estuvo en favor de que se trajeran esclavos africanos, lo hizo porque veía que los indios se estaban acabando, diezmados por tan terribles trabajos a los que eran sometidos. Pero pronto se dio cuenta de la injusticia que se cometía con los negros, y también los defendió, como se ve en su obra *Historia de las Indias*.[2]

En cuanto a su defensa de los indios, resalta su reconocimiento de lo que podemos llamar el humanismo indígena, es decir, no sólo del europeo. Lo hace en su obra *Apologética historia sumaria*, en la que compara la cultura indígena con la de griegos y romanos, que tanto admiraban los humanistas renacentistas.[3] Con ello establece una norma de respeto y de reconocimiento del otro, el indígena, haciendo ver que su cultura era respetable y en muchos puntos en paridad con la española y la europea.

A base de comparaciones entre elementos culturales de los indígenas y los europeos, defiende la cultura indiana y hace ver que era muy respetable, por lo menos a la altura de la de los griegos y los romanos. Compara los dioses, los ritos y otras cosas de esos dos pueblos con las que se hacían en esos ámbitos, y de esa manera daba a conocer y a respetar lo que a los europeos les parecía tan distinto y a veces tan atacable.

Por ejemplo, hacía ver que los indios hacían sacrificios humanos para honrar a sus dioses, porque les parecía que la vida era lo más digno que se les podía ofrecer. Y, además, sacrificios humanos hacían a sus deidades los pueblos paganos de Europa, e incluso los pobladores de Iberia. Añade que la antropofagia de los indios era principalmente ritual, litúrgica, para unirse con sus dioses; y la comparaba a la eucaristía cristiana. Así trataba de

---

1 M. Beuchot, *Filosofía y política en Bartolomé de las Casas*, Salamanca, San Esteban, 2013, pp. 65 y ss.

2 I. Pérez Fernández, *Bartolomé de las Casas ¿contra los negros? Revisión de una leyenda*, Madrid, Mundo Negro; México, Ediciones Esquila, 1991, pp. 31 y ss.

3 B. de las Casas, *Apologética historia sumaria*, ed. E. O'Gorman, México, UNAM, 1967, t. I, p. 666.

mostrar que estaban muy cercanos al Evangelio, y que fácilmente se convertirían a él.[4]

De esta manera, a través de la comparación, señalaba las semejanzas en medio de las diferencias, entre las dos culturas, para que los españoles pudieran comprender la cultura indígena, que les resultaba tan distinta. Dicha comparación se basaba, pues, en la analogía, que resaltaba los parecidos a pesar de las divergencias.

En esa obra, Las casas utilizó una hermenéutica analógica, la cual le permitió comprender lo que pudo entender de la otra cultura, y valorarla.[5] Esa misma herramienta interpretativa le permitió establecer las bases para un diálogo intercultural, que es el que podía garantizar la adecuada convivencia entre las dos naciones: la española y la indígena.

Aunque no siempre fue escuchado, ni siempre tuvo éxito, logró las nuevas leyes de Indias, que suavizaban la situación de los pueblos originarios. Además, luchó para que Felipe II aboliera las encomiendas, aunque sin conseguirlo. En todo caso defendió los derechos humanos de los indios, como lo hizo también en favor de los negros, arrepentido de haber sido de los que pidieron que se trajeran a América (pero lo hacía para evitar que los indios desaparecieran, diezmados por el duro trabajo que se les imponía).

Las Casas fue, en definitiva, el más radical defensor de la justicia, pues declaró injusta la conquista, y dijo que los españoles debían no sólo salir de las Indias, sino, además, restituir y pagar a los indios todos los males que les habían infligido. Eso lo ha hecho ser considerado como uno de los pensadores de la liberación y, en todo caso, como un paradigma del hacer filosofía latinoamericana.[6]

---

[4] *Ibid.*, t. I, p. 663.

[5] R. Martínez Lacy, "El clasicismo analógico de Bartolomé de las Casas", en A. Hernández de León Portilla (coord.), *Hermenéutica analógica. La analogía en la antropología y la historia*, México, UNAM, 2009, pp. 59 y ss.

[6] E. Dussel, 1492. *El encubrimiento del otro. El origen del mito de la modernidad*, Bogotá, Ánthropos, 1992, pp. 110-117; M. Ruiz Sotelo, *Crítica de la razón imperial. La filosofía política de Bartolomé de las Casas*, México, Siglo XXI, 2010, pp. 99-110.

Enrique Dussel considera que Las Casas no solamente hizo filosofía de la liberación y anticolonial, sino que es uno de los primeros críticos del "mito de la modernidad". Nos dice:

> Bartolomé de las Casas va más allá del sentido crítico de la Modernidad como emancipación (tal como lo entendía Ginés de Sepúlveda, o aun Gerónimo de Mendieta o Francisco de Vitoria, el gran profesor de Salamanca, o posteriormente Kant), porque descubre la falsedad de juzgar al sujeto de la pretendida "inmadurez (*Unmündigkeit*)" con una culpabilidad que el "moderno" intenta atribuirle para justificar su agresión.[7]

Acepta el ideal liberador de la modernidad, pero sin el "mito" de la culpabilidad del otro por no ser moderno.

En su *Apologética historia sumaria*, Las Casas no intenta, como Bernardino de Sahagún, describir la cultura indígena para después destruirla, sino "demostrar su 'racionalidad', dignidad, consistencia antropológica. De manera que aquello (las antiguas tradiciones culturales indígenas) podía ser mejorado, desarrollado, pero no simplemente destruido, negado".[8] Se debe modernizar al otro sin destruir su alteridad. Y debe hacerse por la persuasión, por el diálogo, en una comunidad de comunicación. "En la obra *De Unico Modo* Bartolomé usa un método crítico, un racionalismo de liberación".[9] Es decir, trata de formar una comunidad de argumentación, aportando condiciones de posibilidad racional.

La modernidad, con su mito, justifica la violencia civilizadora, alegando lo que Kant llamará la "inmadurez culpable", en este caso del indígena; pero Las Casas se opone a eso. De esa manera combatió a Sepúlveda para

---

7 E. Dussel, 1492. *El encubrimiento del otro...*, pp. 110-111.

8 *Ibid.*, p. 112, nota 31.

9 *Ibid.*, p. 113.

que no se etiquetara a los indios como bárbaros, lo cual justificaría la opresión. Dussel señala:

> Bartolomé ha alcanzado así el "máximo de conciencia crítica posible". Se ha colocado del lado del Otro, de los oprimidos, y ha puesto en cuestión las premisas de la Modernidad como violencia civilizadora: si la Europa cristiana es más desarrollada, debe mostrar por el "modo" en que desarrolla a los otros pueblos su pretendida superioridad. Pero debería hacerlo contando con la cultura del Otro, con el respeto de su Alteridad, contando con su libre colaboración creadora. Todas estas exigencias no fueron respetadas. La razón crítica de Bartolomé fue sepultada por la razón estratégica, por el realismo cínico de Felipe II y de toda la Modernidad posterior, que llegó al sentido crítico "ilustrado" (*Aufgeklärt*) intra-europeo, pero que aplicó fuera de sus estrechas fronteras una praxis irracional y violenta... hasta hoy, a finales del siglo XX.[10]

Las Casas fue uno de los primeros críticos de la modernidad; puso en tela de juicio sus pretensiones y sus fallas.

Como se ve, de manera palpable, Bartolomé de las Casas fue el más radical y liberador de los pensadores de ese tiempo, ya que no sólo declaró ilegal e injusta la conquista, sino que señaló el deber de restituir lo robado a los indios. Eso le valió ser considerado como uno de los primeros anticolonialistas.[11] Es, por ello, un paradigma del filósofo latinoamericano.

Las Casas dio testimonio de la presencia del humanismo en la filosofía y la teología novohispanas. Pero no sólo se realizó en él, sino que estuvo más extendido, por lo que hay que decir que fue muy importante, a la altura del que se conoció en los centros de estudio europeos, sobre todo españoles. Se dio en pensadores no académicos, como en los obispos Julián Garcés, Juan de Zumárraga, Bartolomé de las Casas y Vasco de Quiroga. También

---

[10] *Ibid.*, pp. 116-117.

[11] J. Friede, *Bartolomé de las Casas, precursor del anticolonialismo. Su lucha y su derrota*, México, Siglo XXI, 1976 (2a. ed.).

en maestros notables, como Alonso de la Vera Cruz, Tomás de Mercado y Antonio Rubio. Son de los siglos XVI y XVII.

Aunque en la segunda parte de ese último siglo comenzó la recepción de la modernidad, todavía en esa segunda mitad de éste y en la primera del XVIII se conservó y repitió la enseñanza del humanismo, como aprecio por los clásicos griegos y latinos. Pero ya en la segunda parte del siglo XVIII se da la modernización, la recepción de la filosofía y la ciencia modernas, y junto con ellas la tradición clásica; es decir, un humanismo: el de los jesuitas.

De entre los jesuitas, descuella Francisco Javier Clavijero, que en su *Historia antigua de México* añadió disertaciones sobre la cultura indígena, para demostrar su valía a los ilustrados europeos que la criticaban, de modo parecido a como lo habían hecho los humanistas renacentistas. Toda esa defensa de los indios y su cultura fue herencia que dejó Bartolomé de las Casas.

Hermenéutica analógica y derechos humanos

Hemos visto cómo Las Casas usó la teoría para defender en la práctica los derechos humanos de los indios. La filosofía puede servir para ello, sobre todo en estos momentos en que se sabe que no basta la positivación de los derechos, sino que tiene que aportarse lo que se ha llamado, siguiendo a Leibniz, la razón suficiente de los mismos.[12] Es decir, se tiene que dar la justificación de esos derechos que se positivan, sobre todo para que se vea la motivación ética que los apoya y sustenta.

La aplicación de una hermenéutica analógica a los derechos humanos es fecunda. Primeramente, porque hace ver que la tan famosa falacia naturalista, de la que a veces se los acusa, no es falacia; más bien tiene que tomarse en cuenta al hombre y sus valores para pasar a sus derechos, en

[12] E. García Máynez, "El derecho natural y el principio jurídico de razón suficiente", en *Ensayos filosófico-jurídicos 1934-1979*, México, UNAM, 1984 (2a ed.), pp. 217 y ss.

contra de lo que digan los iuspositivistas.[13] Lo hacen para tener una ciencia del derecho, libre de supuestos morales. Lo cual es imposible.

Sin embargo, ahora se insiste en que la ciencia no es neutral frente a la ética, está impregnada de ella. Si no se da cuenta de eso, irá en contra del hombre. Tal es la idea de los derechos humanos: procurar el bien de la humanidad. El derecho sólo tiene sentido si respeta la ética. La modernidad quitó ese vínculo con la moral, pero hay que volver a unirlos.

La hermenéutica analógica nos hace ver los derechos humanos basados no únicamente en leyes, sino también en principios. Uno de ellos, aunque remoto, es la naturaleza humana, como quiso la iusfilosofía clásica, pues estos derechos tan importantes tuvieron un origen iusnaturalista. Tal es el espíritu de los derechos humanos, poseídos por el sólo hecho de nacer.

Pero, en especial, la hermenéutica analógica es útil para la aplicación de los derechos humanos en un ámbito multicultural o intercultural, es decir, cuando se da una interpretación diferente de ellos por parte de diversas culturas, y esto ocasiona que haya casos difíciles.

De lo que se trata es de hacer posible, en el caso de los derechos humanos, que sean entendidos con cierta diversidad por las diferentes culturas y, sin embargo, comprendidos y valorados lo más uniformemente que sea posible, dado su carácter de universales. Es la pugna entre la universalidad y la particularidad; pero este problema puede resolverse con la *phrónesis* o prudencia; en este caso, con la jurisprudencia de los derechos humanos, aplicada a los casos difíciles (como los llama Dworkin), para quitar el conflicto que se da cuando dos o más derechos se contraponen.

Ya algunos teóricos han mostrado que no hay que renunciar a toda universalidad para salvaguardar las particularidades, ni es necesario sacrificar lo particular para asegurar la universalidad. Por ejemplo, Raimon Pannikar y Boaventura de Souza Santos, con su hermenéutica diatópica, tratan de privilegiar lo local, pero sin perder lo universal; es decir, dar su lugar a la diversidad cultural pero sin destruir la universalidad de estos derechos. Se

[13] H. Putnam, *El desplome de la dicotomía hecho-valor y otros ensayos*, Barcelona, Paidós, 2004, pp. 166-167.

logra una comprensión diacultural o transcultural de ellos, y eso evita el relativismo excesivo.

Un instrumento útil para esto es la hermenéutica analógica. En tanto que hermenéutica, nos hará sensibles a los contextos, a las particularidades culturales; pero, en tanto que analógica, nos hará no perder la unidad o universalidad en medio de las particularidades, pues la analogía siempre ha sido el instrumento conceptual que ha servido para concordar y hacer coherente lo plural y lo igual, a través de la semejanza. Esto puede ser aplicado al problema de los derechos humanos en un mundo contextuado de culturas múltiples y diferentes.[14] No podemos negar la diversidad, la diferencia, pero sí tenemos que abordarla con alguna herramienta interpretativa que nos haga permitir lo más que se pueda las diferencias culturales, pero sin perder la universalidad de tan importantes derechos, y dicha herramienta es la hermenéutica analógica.

Así como Bartolomé de las Casas pudo defender los derechos de los indígenas por la comprensión cultural que le permitió su uso de la analogía; así también nosotros, en la actualidad, debemos hacer uso de la analogía, para entender y fomentar tan importantes derechos en un ámbito intercultural. Es el ámbito en el que se encuentran, por lo menos en nuestros países, de un gran mestizaje cultural. Y, dado que la analogía es mestiza, o que el mestizaje es analógico, nos puede ayudar en ese diálogo intercultural sobre tales derechos, que es el que tanto necesitamos.

Esto nos lleva a la reflexión sobre una filosofía intercultural, como la que han estado desarrollando algunos, por ejemplo, mi amigo Raúl Fornet-Betancourt.[15] Él se ha afanado por hacer un pensamiento filosófico que no se quede únicamente en una parcela del mundo, sino que sea capaz de abarcar diversas culturas de nuestro entorno. Es cierto que resulta difícil hacerlo, pues ya cuesta bastante comprender una o dos de ellas. Pero se pueden sentar las bases, como lo hizo Raimon Panikkar, a quien tuve la suerte

[14] M. Beuchot, "Interculturalidad", en A. Ortiz-Osés y P. Lanceros (dirs.), *Diccionario de hermenéutica*, Bilbao, Universidad de Deusto, 1997, pp. 376 y ss.; J. A. Marina, "Interculturalidad", en J. Conill (coord.), *Glosario para una sociedad intercultural*, Valencia, Bancaja, 2002, pp. 222 y ss.

[15] R. Fornet-Betancourt, *Filosofía intercultural*, México, Universidad Pontificia de México, 1994.

de conocer y de dialogar con él. Formado en la filosofía occidental, concretamente en la escolástica, fue capaz de saltar esas barreras y de aprender de otros países, como la India.[16] Y es que él mismo era un mestizo, hijo de padre indio y de madre catalana. Y como el mestizo es un análogo, él supo aplicar la analogía, es decir, una hermenéutica analógica, al diálogo intercultural. Fue la hermenéutica diatópica, la cual, aun cuando ha sido muy utilizada por Boaventura de Souza Santos, quien la originó fue Panikkar, y muchos me han dicho que se parece bastante a mi hermenéutica analógica.

Pues bien, eso nos mueve a replantearnos el problema mismo de la fundamentación filosófica de los derechos humanos. Lo cual podemos hacer hurgando en sus orígenes históricos, al menos en nuestra tradición occidental, para poder incluso contrastarla con la de otras tradiciones o culturas. Así podremos ser más conscientes de lo que significan esos derechos, y qué fundamento tienen por parte de la filosofía. Pasemos, pues, a reflexionar acerca de ello.

Sobre la dignidad humana

La lucha de Las Casas por los derechos humanos, así como la aplicación de la hermenéutica analógica a tales derechos, nos conducen a reflexionar sobre la esencia misma del hombre, la naturaleza humana. Ella es la que en verdad sustenta tan importantes garantías que tenemos. Por eso trataremos de ahondar en ella, para que redunde en la dignidad humana.

Una de las fundamentaciones de los derechos humanos se da acudiendo a la dignidad del hombre. Es la más aceptada, procedente de Kant. Otra es la que alude a las necesidades básicas del ser humano. Pero una y otra se reducen a la clásica de la naturaleza humana, pues la dignidad del hombre proviene de su naturaleza o esencia, y sus necesidades más básicas brotan de ella misma.

---

[16] R. Panikkar, *La experiencia filosófica de la India*, Madrid, Trotta, 1997, p. 46.

Por eso una base hermenéutica nos hace interpretar al hombre, precisamente en su esencia misma. Y de esa forma obtenemos la naturaleza humana como fundamentación de los derechos humanos, concretamente de cualquier derecho, así como de la política que se le va a dar al hombre.

Veíamos, líneas arriba, que a este procedimiento se le ha llamado falacia naturalista, por pasar de la naturaleza humana a los derechos humanos. Se dice que es un paso inválido del ser al deber ser, o del hecho al valor. Pero la misma hermenéutica rompe con esa acusación y hace necesario ese paso, para fundar derecho y política.

En efecto, uno de los más grandes hermeneutas, Paul Ricoeur, se dio al trabajo de mostrar que la hermenéutica deshace la acusación de falacia naturalista.[17] Lo hizo mostrando que, para dar al hombre unos derechos o una política, se le tiene que interpretar, en vistas a conocer sus necesidades y sus legítimos deseos. Ya desde el derecho romano se decía que la necesidad engendra derecho, y más recientemente se piensa que también los legítimos deseos producen derechos para el hombre.

Ahora bien, una hermenéutica analógica aportará, con mayor razón, la naturaleza humana como fundamentación de los derechos humanos. En efecto, este instrumento interpretativo ve al hombre como microcosmos, o mundo menor. Y, al poseer algo de todas las cosas, se coloca como su guardián. Es cierto que en el Renacimiento se exageró esta dignidad del hombre poniéndolo como el dueño de la naturaleza, mientras que ahora es necesario verlo como el encargado de cuidarla. Es un cambio de perspectiva o resemantización (resignificación), pues sigue teniendo la más alta dignidad, pero ésta consiste en cuidar de todas las cosas del mundo.

El ver al ser humano como microcosmos significaba que conoce todas las áreas del cosmos, porque participa de ellas en su ser. No solamente las conoce, sino que las encarna, las es. Dicho de otra manera, tiene en su propio ser todas las cosas, las vive. Eso hace que el hombre sea una especie de hermano de todos los reinos de la naturaleza. No podemos volver a la exaltación desmesurada que del hombre hizo el humanismo del Renacimiento.

---

17 P. Ricoeur, *Lo justo*, Madrid, Caparrós, 1999, pp. 27-29.

En ese carácter de microcosmos cifraban los renacentistas la alta jerarquía del ser humano, pero eso lo colocaba como el dominador de la naturaleza, según pensaba el filósofo empirista inglés Francis Bacon. Así, la ciencia y la técnica eran para dominar el entorno natural. Pero ahora no se le debe considerar así, como dominador, sino como el guardián, el que está encargado de cuidar de todas las especies, como un hermano mayor, en un rango de igualdad. Tal va a ser la alta dignidad del hombre, en medio de las demás cosas.

Creo que ésa es la enseñanza que podemos sacar del Renacimiento. Es necesario un humanismo, pero hay que replantearlo y cambiarlo: que no encumbre demasiado al ser humano, sino que lo haga responsable del cosmos. Que, en lugar de hacer que se crea el dueño o dominador (ambas palabras vienen de *dominus*) de la naturaleza, sea el que la cuide. Precisamente porque es el microcosmos, el que participa de todos los reinos del ser.

Ahora la ecología nos ha aleccionado para ver al ser humano como encargado de las cosas de la naturaleza. No como algunos han querido, que esté al mismo rango de las otras especies, o como otros que han decretado que ha sido la peor especie y que merece desaparecer. Aplicando la analogía de atribución, en el seno de la hermenéutica analógica, podemos decir que el hombre es el analogado principal de las cosas naturales, por lo que tiene que hacerse cargo de ella.

Después de los humanistas renacentistas, quien insistió mucho en la dignidad del hombre fue Kant. Él fijó esto en una de las formulaciones de su imperativo categórico: "Trata a los seres humanos siempre como fines y nunca como medios"; así lo coloca en el reino de los fines en *La metafísica de las costumbres*.[18] Alan Donagan se ha ocupado de juntar este imperativo con el precepto evangélico conocido como la regla de oro: "Trata a los demás como quieres que te traten a ti".[19] Se trata de que veamos al otro como nuestro semejante, es decir, como nuestro análogo. Y para eso se necesita

[18] I. Kant, *Fundamentación de la metafísica de las costumbres*, Buenos Aires-México, Espasa-Calpe, 1946, pp. 40, 71 y 82-83.

[19] A. Donagan, "The Moral Theory almost Nobody Knows: Kant's", en *The Philosophical Papers of Alan Donagan. Vol. II. Action, Reason and Value*, ed. J. E. Malpas, Chicago, University of Chicago Press, 1994, p. 148.

una sensibilidad analógica; por lo que, al cumplirlo, estamos aplicando la hermenéutica de la analogía.

Más recientemente, Emmanuel Lévinas se planteó los derechos humanos para pensarlos como derechos del otro, porque siempre se piensan como derechos de uno mismo. La dignidad del hombre se ve mejor en el prójimo; el humanismo es necesario, pero como un humanismo del otro hombre.[20] Es un recordatorio de las enseñanzas bíblicas, pues tratan de sacarnos de nuestro proverbial egoísmo. Si salimos de la egolatría, que es la nueva idolatría, podremos acceder al otro, al prójimo, y reconocer en su rostro, que nos demanda, a Dios.

Igualmente, en el cristianismo se ha insistido en la necesidad de reconocer al otro como nuestro prójimo, como nuestro semejante, como nuestro análogo. Es la manera de promover una sensibilidad hacia los derechos humanos, no solamente como derechos míos, sino de los demás. Es el derecho de todos como hermanos. Si se avanza en él se ganará en libertad, igualdad y fraternidad. Porque nos falta mucho para cumplir esos ideales, y tenemos que alcanzarlos. En efecto, los derechos humanos, como ya decía Gandhi, conllevan deberes, obligaciones, imperativos.

En la actualidad es muy necesario reconocer la alta dignidad del hombre, porque se dan casos en los que parece que ésta se desconoce o se niega. Todavía hay cosas que van en contra de ella. Hay que pugnar por alcanzarla. Desde las guerras, las esclavitudes y el mal trato, todo eso atenta contra el ser humano, y hay que hacerlo desaparecer.

Tal es el legado que hemos recibido, no sólo de Kant, sino de muchos pensadores, acerca de la dignidad humana. Es una característica que se ha venido reconociendo poco a poco a través de la historia, y, como digo, aún queda mucho por trabajar y por lograr.

Al parecer, no hay sistema filosófico que resuelva todo, pero por lo menos encontramos pensamientos que nos ayudan a fortalecer cosas que nos importan, como en el caso de los derechos humanos. La dignidad del hombre, que es uno de los temas que les sirven de fundamento, es algo que

20 E. Lévinas, *Humanismo del otro hombre*, Madrid, Caparrós, 1998 (2a. ed.), p. 47.

tenemos que pensar continuamente, para darle siempre un mejor apoyo o base filosófica. Es algo que nos concierne vivencialmente, es decir, que tiene que ver con nuestra vida, con nuestra existencia diaria.

En eso la filosofía se mostrará como algo vivo y existencial, y de ese modo será algo en verdad significativo para el hombre. Es lo que intentamos al abordar problemas tan difíciles y complicados, pero que son, por lo demás, los que más nos conciernen. Y en ello puede asistirnos ese instrumento conceptual, interpretativo, que hemos usado, la hermenéutica analógica, la cual puede prestarnos buenos servicios en la ardua labor del pensamiento.

Conclusión

En estas páginas hemos tratado algunas aplicaciones de la hermenéutica analógica a ciertos temas filosóficos. Lo hemos hecho en la línea de la filosofía aristotélico-tomista. Por eso se vio reflejada en Bartolomé de las Casas y su comprensión de la cultura indígena, tan diferente de la suya. Defendió los derechos humanos; por lo que, igualmente, hicimos la aplicación a ellos. Asimismo, dado que Las Casas estuvo defendiendo los derechos naturales de los indios, llegamos a los derechos humanos, que son los de ahora, y les aplicamos la hermenéutica analógica. En cuanto al concepto de dignidad humana, vimos que fue aportado como fundamento de esas garantías, pero, también, que redunda en, y vuelve a, la naturaleza humana, inevitablemente.

Con esto se ve la necesidad de tener una filosofía analógica, que supere la cerrazón de la unívoca que se dio en la modernidad, y la desmesura de la equívoca que ha tenido la posmodernidad. Una filosofía que tenga apertura, sí; pero con seriedad y con la exigencia de la verdad y la objetividad. Esto es lo que necesitamos para darle vida al pensamiento que tenemos en la actualidad, con el fin de que salga de la crisis.

Ciertamente las crisis son saludables, pero ya es hora de salir de la que hemos tenido. Trascender esos polos extremos, que han sido perjudiciales para la filosofía. Todo por falta de ese equilibrio prudencial que tiene la analogía. De esa manera tendremos algo que ofrecer al hombre de hoy. Algo que nos está solicitando y que debemos darle, a saber, ayudarlo en su búsqueda del sentido, sin el cual no podemos avanzar en el conocimiento y ni siquiera en la vida humana que tenemos.

Conclusiones

Tras el recorrido que hemos hecho por los temas anteriores, creo que podemos recoger como fruto la pertinencia de una hermenéutica analógica para nuestra filosofía actual. Ella incorpora la noción de analogía a la teoría y praxis de la interpretación, y con ello evita los excesos de la univocidad y la equivocidad, centrándose en un equilibrio proporcional.

Por eso comenzamos con la exposición de dicha hermenéutica analógica partiendo de la utilización del concepto de analogía en la historia. Después vimos cómo se aplica a las humanidades, en las que está teniendo mucho fruto, sobre todo en la enseñanza de las mismas.

Uno de los campos de aplicación de la hermenéutica analógica ha sido la ética. Por eso tratamos de encontrar en qué momentos la ética llegaba a una síntesis que superaba la univocidad y la equivocidad. Con ello se nos ha puesto de manifiesto que la ética requiere, en la actualidad, un instrumento interpretativo que le revele lo que es el hombre, para poder darle unas normas morales que le resulten convenientes y adecuadas.

Otro campo de aplicación de la hermenéutica analógica es el del derecho, señaladamente el de los derechos humanos. Y con el conocimiento se les da una fundamentación no unívoca, pero tampoco equívoca, a pesar de tanto antifundamentalismo que se percibe en la epistemología reciente; un fundamento analógico, que no es mero antifundacionalismo, pero tampoco un fundacionalismo rígido.

Nos detuvimos después en el posestructuralismo, ya que el propio estructuralismo fue una corriente importante durante el siglo XX, y la mayoría de los posmodernos se formaron en ella; pero la dejaron atrás, como una cosa que quedaba en la modernidad, ya rebasada. Nos dejó conocimientos apreciables para comprender el estado actual de la filosofía.

Atendimos también a la teoría del conocimiento o epistemología del filósofo mexicano Luis Villoro. Fue muy valiosa, ya que propició que se conservara un realismo bastante consistente, a pesar de las filosofías "débiles" que proliferaron en la posmodernidad. Además, él lo utilizó para la fundamentación de los derechos humanos.

Por esa razón nos propusimos aplicar la hermenéutica analógica a tan importantes derechos. Lo hicimos siguiendo el ejemplo de Bartolomé de las Casas, a quien su sensibilidad analógica le hizo comprender la cultura indígena, y defender los derechos de los indios, como también lo hizo con los de los negros, arrepentido de haber permitido que se trajeran a América. A nosotros también el concepto de analogía puede impulsarnos a la defensa de tan importantes garantías para el hombre, y lograr su comprensión y fundamentación en nuestros días.

Estoy seguro de que las investigaciones filosóficas que hemos realizado nos ayudarán a recuperar el realismo necesario, y a procurar una fundamentación realista y seria de los derechos humanos. Es la dignidad del hombre la que está en juego, y el hombre es lo más importante para la filosofía.

Referencias

Álvarez, C., "¿El estudio de la filosofía mejora las habilidades del pensamiento crítico?", en F. Leal Carretero, C. F. Ramírez González y V. M. Favila Vega (coords.), en *Introducción a la teoría de la argumentación*, Guadalajara, Jal., Universidad de Guadalajara, 2010, pp. 133-151.

Arnold, R. F., *Cultura del renacimiento*, Barcelona, Labor, 1949 (reimpr.).

Aubenque, P., *La prudencia en Aristóteles*, Barcelona, Crítica, 1999.

Auzias, J.-M., *El estructuralismo*, Madrid, Alianza, 1970 (2a. ed.).

Badiou, A., *Manifiesto por la filosofía*, Madrid, Cátedra, 1989.

Balmes, J., *El criterio*, México, Porrúa, 1981.

Beuchot, M., *La vida y la doctrina del maestro Eckhart*, México, Cuadernos Dominicanos, núm. 6, 1982, pp. 10 y ss.

_______, "Reseña de L. Villoro, *Creer, saber, conocer*, México, Siglo XXI, 1982", en Diálogos, núm. 115, México, El Colegio de México, 1984, pp. 79-80.

_______, "Breves consideraciones sobre el problema pensamiento-lenguaje en D. Davidson", en E. Villanueva (comp.), *Quinto Simposio Internacional de Filosofía*, México, UNAM, 1992, vol. I, pp. 73-75. [La respuesta de Davidson está en las pp. 77-79.]

_______, "Realismo, epistemología y clases naturales en Hilary Putnam", en *Diánoia*, núm. 38, México, UNAM, 1992, pp. 107-113.

_______, "La teoría de la verdad en Strawson", en C. E. Caorsi (ed.), *Ensayos sobre Strawson*, Montevideo, Uruguay, Universidad de la República, 1993, pp. 7-27. [La respuesta de Strawson está en las pp. 181-184.]

_______, *Derechos humanos, iuspositivismo y iusnaturalismo*, México, UNAM, 1995.

_______, "La verdad hermenéutica y pragmática en Karl-Otto Apel", en S. Arriarán y J. R. Sanabria (comps.), *Hermenéutica, educación y ética discursiva (en torno a un debate con Karl-Otto Apel)*, México, UIA, 1995, pp. 55-66. [La respuesta de Apel está en las pp. 67-71.]

_______, "La hermenéutica mística y metafísica del maestro Eckhart", en *Divinitas*, vol. 39, Roma, 1996, pp. 258-271.

_______, "Interculturalidad", en A. Ortiz-Osés y P. Lanceros (dirs.), *Diccionario de hermenéutica*, Bilbao, Universidad de Deusto, 1997, pp. 376-383 y ss.

_______, *La hermenéutica en la Edad Media*, México, UNAM (Cuadernos del Instituto de Investigaciones Filológicas, núm. 27), 2002.

_______, *Ética*, México, Torres, 2004.

Beuchot, M., *Interculturalidad y derechos humanos*, México, Siglo XXI, 2005.

_______, *Perfiles esenciales de la hermenéutica*, México, UNAM, 2005 (4a. ed.).

_______, *Historia de la filosofía en la posmodernidad*, México, Ed. Torres, 2009 (2a. ed.).

_______, *Filosofía de la religión*, México, Universidad Iberoamericana, 2009.

_______, *Filosofía y política en Bartolomé de las Casas*, Salamanca, Editorial San Esteban, 2013.

_______, *Tratado de hermenéutica analógica. Hacia un nuevo modelo de la interpretación*, México, UNAM-Ítaca, 2009 (4a. ed.), 2019 (6a. ed.).

_______, *Breve historia de la ética*, México, Torres, 2010.

_______, *Epistemología y hermenéutica analógica*, San Luis Potosí, Instituto de Investigaciones Humanísticas de la Universidad Autónoma de San Luis Potosí, 2011.

_______, "Sobre el diálogo intercultural. Reflexiones a partir de Luis Villoro", en R. Alcalá Campos (coord.), *Los caminos de la interculturalidad. Homenaje a Luis Villoro*, México, Porrúa, 2015, pp. 85-99.

Blanchot, M., *Foucault tal y como yo lo imagino*, Valencia, Pre-Textos, 1993 (2a. ed.).

Bobbio, N., *Elogio de la templanza y otros escritos morales*, Madrid, Temas de Hoy, 1997.

Bochenski, I. M., "On Analogy", en *The Thomist*, núm. 11, 1948, pp. 474 y ss.

_______, *La lógica de la religión*, Buenos Aires, Paidós, 1975.

Casas, B. de las, *Apologética historia sumaria*, E. O'Gorman (ed.), México, UNAM, 1967, t. I.

Chastel, A., y R. Klein, *El humanismo*, Estella, Salvat-Alianza, 1971.

Chavannes, H., *L'analogie entre Dieu et le monde selon saint Thomas d'Aquino et selon Karl Barth*, París, Les Éditions du Cerf, 1969.

Colomer, E., *La cuestión de Dios en el pensamiento de Martin Heidegger*, México, UIA, 1995.

Cortina, A., *Crítica y utopía: la Escuela de Francfort*, Madrid, Cincel, 1986.

Corvez, M., *Los estructuralistas*, Buenos Aires, Amorrortu, 1972.

Deleuze, G., "A quoi reconnait-on le structuralisme?", en F. Châtelet (dir.), *Histoire de la philosophie. Idées, doctrines*. Vol.8. Le XXe. Siècle, París, Hachette, 1973, pp. 299-335.

_______, *Foucault*, Barcelona, Paidós, 1987.

_______, *Diferencia y repetición*, Madrid, Júcar, 1988.

_______, *Lógica del sentido*, Barcelona, Paidós, 1989.

_______, "La inmanencia: una vida...", en *Contrastes*, vol. VII, 2002, pp. 233-236.

Deleuze, G. y F. Guattari, *El antiedipo. Capitalismo y esquizofrenia*, Barcelona, Barral, 1974, t. II.

_______, *Mil mesetas*, Valencia, Pre-Textos, 1988.

_______, *¿Qué es la filosofía?*, Barcelona, Anagrama, 1993

Derrida, J., *La diseminación*, Madrid, Fundamentos, 1975.

Derrida, J., *De la gramatología*, México, Siglo XXI, 1978 (2a ed.).

_______, *La escritura y la diferencia*, Barcelona, Ánthropos, 1989.

_______, *Márgenes de la filosofía*, Madrid, Cátedra, 1989.

_______, *La desconstrucción en las fronteras de la filosofía. La retirada de la metáfora*, Barcelona, Paidós, 1989.

_______, *Universidad sin condición*, Madrid, Trotta, 2002.

Derrida, J. y M. Ferraris, *El gusto del secreto*, Buenos Aires, Amorrortu, 2009.

Donagan, A., *The Philosophical Papers of Alan Donagan*. Vol. II. *Action, Reason and Value*, J. E. Malpas (ed.), Chicago, University of Chicago Press, 1994.

Dussel, E., "El método analéctico y la liberación latinoamericana", en R. Ardiles y otros, *Hacia una filosofía de la liberación latinoamericana*, Buenos Aires, Bonum, 1973, pp. 125-134.

_______, "Pensée analectique et en philosophie de la libération", en P. Gisel y Ph. Secretan (eds.), *Analogie et dialectique*, Ginebra, Éds. Labor et Fides, 1982, pp. 93-120.

_______, 1492. *El encubrimiento del otro. El origen del mito de la modernidad*, Bogotá, Ántropos, 1992.

Dworkin, R., *Los derechos en serio*, Barcelona, Planeta–Agostini, 1993.

Eco, U., *De los espejos y otros ensayos*, Barcelona, Lumen, 1988.

Ferrara, A., "On Phronesis", en *Praxis International*, vol. 7, núms. 3/4, invierno 1987-1988, pp. 243-256.

Ferraris, M., *Introducción al nuevo realismo*, Neuquén, Argentina, Círculo Hermenéutico, 2014.

_______, "Realismo por venir", en M. T. Ramírez (coord.), *El nuevo realismo. La filosofía del siglo xxi*, México, Siglo XXI, 2016, pp.47-67.

_______, "Surgimiento y desarrollo del nuevo realismo", en *Estudios Filosóficos*, vol. LXVIII, núm. 199, Valladolid, España, 2019, pp. 417-434.

Finnis, J., *Absolutos morales. Tradición, revisión y verdad*, Barcelona, Ediciones Internacionales Universitarias, 1992.

Flamarique, L., "Enseñanza de la filosofía. Apuntes para la universidad del siglo xxi", en *Pensamiento y Cultura*, vol. 11, núm. 1, julio de 2008, pp. 95-112.

Foot, Ph., *Las virtudes y los vicios*, México, UNAM, 1994.

Fornet-Betancourt, R., *Filosofía intercultural*, México, Universidad Pontificia de México, 1994.

Foucault, M., *Las palabras y las cosas, una arqueología de las ciencias humanas*, México, Siglo XXI, 1978 (10a. ed.).

_______, *La arqueología del saber*, México, Siglo XXI, 1978 (5a. ed.).

Foucault, M., *Obras esenciales*. Vol. III. Estética, ética y hermenéutica, Barcelona, Paidós, 1999.

_______, "Coraje y verdad", en T. Abraham (comp.), *El último Foucault*, Buenos Aires, Sudamericana, 2003, pp. 263-405.

Frank, M., *¿Qué es el neoestructuralismo?*, México, FCE-Universidad Autónoma Metropolitana, 2011.

Friede, J., *Bartolomé de las Casas, precursor del anticolonialismo. Su lucha y su derrota*, México, Siglo XXI, 1976 (2a ed.).

Gadamer, H.-G., *Verdad y método. Fundamentos de una hermenéutica filosófica*, Salamanca, Sígueme, 1977.

_______, *La educación es educarse*, Barcelona, Paidós, 2000.

García Máynez, E., "El derecho natural y el principio jurídico de razón suficiente", en *Ensayos filosófico-jurídicos 1934-1979*, México, UNAM, 1984 (2a. ed.), pp. 217-224.

Geach, P. Th., *Reason and Argument*, Berkeley y Los Ángeles, University of California Press, 1976.

_______, *Las virtudes*, Pamplona, EUNSA, 1993.

Gelder, T. van, "Cómo aumentar nuestra comprensión de los argumentos complejos", en F. Leal Carretero, C. F. Ramírez González y V. M. Favila Vega (coords.), *Introducción a la teoría de la argumentación*, Guadalajara, Jal., Universidad de Guadalajara, 2010, pp. 113-132.

_______, "Enseñar pensamiento crítico; algunas lecciones de la ciencia cognitiva", en F. Leal Carretero, C. F. Ramírez González y V. M. Favila Vega (coords.), *Introducción a la teoría de la argumentación*, pp. 97-112.

Gilbert, M., "Argumentación multimodal", en F. Leal Carretero, C. F. Ramírez González y V. M. Favila Vega (coords.), en *Introducción a la teoría de la argumentación*, pp. 73-91.

_______, "Breve historia de la teoría de la argumentación", en F. Leal Carretero, C. F. Ramírez González y V. M. Favila Vega (coords.), *Introducción a la teoría de la argumentación*, pp. 11-41.

_______, "¿Qué es un argumento emocional?", en F. Leal Carretero, C. F. Ramírez González y V. M. Favila Vega (coords.), *Introducción a la teoría de la argumentación*, pp. 61-72.

Gilson, É., *Santo Tomás de Aquino*, Madrid, Aguilar, 1944.

Girard, R., "La violenza e il mito", en L. Lotito (ed.), *Il mito e la filosofia*, Milán, Bruno Mondadori, 2003, pp. 130-133.

Girard, R., y G. Vattimo, *Verità o fede debole? Dialogo su cristianesimo e relativismo*, a cura di P. Antonello, Massa, Transeuropa, 2006.

Gómez Caffarena, J., "Analogía del ser y dialéctica en la afirmación humana de Dios", en *Pensamiento*, 1960, pp. 143-173.

Grondin, J., *Introducción a la hermenéutica filosófica*, Barcelona, Herder, 1999.

Grondin, J., *L'herméneutique*, París, PUF, 2006.

Guariglia, O., *La ética en Aristóteles o la moral de la virtud*, Buenos Aires, Eudeba, 1997.

Heidegger, M., *Ontología. Hermenéutica de la facticidad*, Madrid, Alianza, 1999.

Hudson, W. D., *La filosofía moral contemporánea*, Madrid, Alianza, 1974.

Huizinga, J., *Homo ludens*, Madrid, Alianza; Buenos Aires, Emecé, 1972.

Jareño Alarcón, J., *Religión y relativismo en Wittgenstein*, Barcelona, Ariel, 2001.

Jolivet, R., *Vocabulario filosófico*, Buenos Aires, Desclée de Brouwer, 1965.

_______, *Lógica y cosmología* (*Tratado de filosofía*, t. 1), Buenos Aires, Carlos Lohlé, 1976.

Kant, I., *Fundamentación de la metafísica de las costumbres*, Buenos Aires-México, Espasa-Calpe, 1946.

Leal Carretero, F., C. F. Ramírez González y V. M. Favila Vega (coords.), *Introducción a la teoría de la argumentación*, Guadalajara, Jal., Universidad de Guadalajara, 2010.

Lévinas, E., *Humanismo del otro hombre*, Madrid, Caparrós, 1998 (2a. ed.).

Libera, A. de, *Le problème de l'être chez Maître Eckhart: logique et métaphysique de l'analogie*, Ginebra-Lausana-Neuchâtel, Cahiers de la Revue de Théologie et de Philosophie, 1980.

Llano, A., *La nueva sensibilidad*, Madrid, Espasa-Calpe, 1988.

_______, *Repensar la universidad. La universidad ante lo nuevo*, Madrid, Eunsa, 2003.

Luna, N., "Si Pegaso tiene alas, ¿existe? Algunas propuestas para evitar el importe existencial de las oraciones cuantificadas", en F. Leal Carretero, C. F. Ramírez González y V. M. Favila Vega (coords.), en *Introducción a la teoría de la argumentación*, Guadalajara, Jal., Universidad de Guadalajara, 2010, pp. 182-201.

MacIntyre, A., *Tras la virtud*, Barcelona, Crítica, 1987.

_______, *Historia de la ética*, Buenos Aires, Paidós, 1970.

Magallón Anaya, M., y J. D. Escalante Rodríguez (coords.), *América Latina y su episteme analógica*, México, CIALC-UNAM, 2014.

Marina, J. A., "Interculturalidad", en J. Conill (coord.), *Glosario para una sociedad intercultural*, Valencia, Bancaja, 2002, pp. 222-228.

Martínez Lacy, R., "El clasicismo analógico de Bartolomé de las Casas", en A. Hernández de León Portilla (coord.), *Hermenéutica analógica. La analogía en la antropología y en la historia*, México, Instituto de Investigaciones Filológicas, UNAM, 2009, pp. 59-69.

Marulanda, F., "Límites y virtudes de la formalización lógica", en F. Leal Carretero, C. F. Ramírez González y V. M. Favila Vega (coords.), en *Introducción a la teoría de la argumentación*, Guadalajara, Jal., Universidad de Guadalajara, 2010, pp. 157-181.

Montes, S., *Claude Lévi-Strauss. Un nuevo "Discurso del método"*, San Salvador, Dirección de Cultura del Ministerio de Educación, 1971.

Morot-Sir, E., *La metafísica de Pascal*, Buenos Aires, El Ateneo, 1976.

Nozick, R., *Anarquía, Estado y utopía*, México, FCE, 1990.

Olivé, L., "Villoro: sobre verdad, objetividad y saber", en *Crítica*, vol. XVI, núm. 48, 1984, pp. 79-103.

______, *Conocimiento, sociedad y realidad. Problemas del análisis del conocimiento y el realismo científico*, México, FCE, 1988.

Panikkar, R., *La experiencia filosófica de la India*, Madrid, Trotta, 1997.

Pereda, C., "Las otras razones", en *Teoría*, núm. 1, México, UNAM, 1980, pp. 63-79.

______, "La argumentación en cuanto práctica", en F. Leal Carretero, C. F. Ramírez González y V. M. Favila Vega (coords.), *Introducción a la teoría de la argumentación*, Guadalajara, Jal., Universidad de Guadalajara, 2010, pp. 47-60.

Pérez Fernández, L., *Bartolomé de las Casas ¿contra los negros? Revisión de una leyenda*, Madrid, Mundo Negro; México, Ediciones Esquila, 1991.

Putnam, H., *Cómo renovar la filosofía*, Madrid, Cátedra, 1994.

______, *El pragmatismo. Un debate abierto*, Barcelona, Paidós, 1997.

______, *El desplome de la dicotomía hecho-valor y otros ensayos*, Barcelona, Paidós, 2004.

Rachels, J., *Introducción a la filosofía moral*, México, FCE, 2007.

Ramírez, J. M., *De ordine placita quaedam thomistica*, Salamanca, BTE, 1963.

______, *De analogía*, Madrid, CSIC, 1971, 4 vols.

Ramírez González, F., "Algunas relaciones entre los mitos y los argumentos en las obras de Platón", en F. Leal Carretero, C. F. Ramírez González y V. M. Favila Vega (coords.), *Introducción a la teoría de la argumentación*, Guadalajara, Jal., Universidad de Guadalajara, 2010, pp. 206-227.

Rawls, J., *Teoría de la justicia*, México, FCE, 1985 (reimpr.).

Reboul, O., *Nietzsche, critique de Kant*, París, PUF, 1974.

Redmond, W., "Filosofía tradicional y pensamiento latinoamericano. Superación y vigencia", en *Prometeo*, núm. 2, 1985, pp. 43-57.

Rescher, N., *Philosophical Reasoning. A Study on the Methodology of Philosophy*, Oxford, Blackwell, 2001.

Reygadas, P. "El arte de argumentar: una visión del ethos desde América Latina", en F. Leal Carretero, C. F. Ramírez González y V. M. Favila Vega (coords.), *Introducción a la teoría de la argumentación*, Guadalajara, Jal., Universidad de Guadalajara, 2010, pp. 228-240.

Ricoeur, P., "Entre hermenéutica y semiótica", en *Escritos*, núm. 7, Puebla, México, ene-jun, 1991, pp. 79-94.

______, *Lo justo*, Madrid, Caparrós, 1999.

Robin, L., *La morale antique*, París, PUF, 1963.

Rorty, R., "Introduction. Metaphilosophical Difficulties of Linguistic Philosophy", Rorty, R. (ed.), *The Linguistic Turn. Recent Essays in Philosophical Method*, Chicago y Londres, The University of Chicago Press, Phoenix Books, 1970, pp. 38-39.

Ruiz Sotelo, M., *Crítica de la razón imperial. La filosofía política de Bartolomé de las Casas*, México, Siglo XXI, 2010.

Sádaba, J., *La filosofía moral analítica de Wittgenstein a Tugendhat*, Madrid, Mondadori, 1989.

Scannone, J. C., "La liberación latinoamericana. Ontología del proceso auténticamente liberador", en *Stromata*, núm. 27, 1972, pp. 107-150.

Secretan, Ph., "Analogía y trascendencia. Pascal-Edith Stein-Blondel", en *Analogía Filosófica*, núm. 3, número especial, México, 1998.

Taylor, Ch., *El multiculturalismo y la "política del reconocimiento"*, México, FCE, 2001 (reimpr.).

______, *La libertad de los modernos*, Ph. de Lara (ed.), Buenos Aires, Amorrortu, 2005.

Thiebaut, C., *Cabe Aristóteles*, Madrid, Visor, 1988.

______, Los límites de la comunidad *(Las críticas comunitaristas y neoaristotélicas al programa moderno)*, Madrid, Centro de Estudios Constitucionales, 1992.

______, "Virtud", en A. Cortina (dir.), *Diez palabras clave en ética*, Estella, VD, 2000, pp. 427-461.

Tomasini Bassols, A., *Filosofía analítica. Un panorama*, México, Plaza y Valdés, 2004, pp. 11-12.

Varela, L. E., "Prudencia aristotélica y estrategia", en *Convivium. Revista de Filosofía*, núm. 15, segunda serie, Barcelona, 2002, pp. 5-36.

Vattimo, G., *Ética de la interpretación*, Barcelona, Paidós, 1991.

Velázquez González, L., *Verdad y certeza. Un debate actual considerado a la luz de algunas reflexiones tradicionales*, México, Universidad Pontificia de México, 2011.

Vereecke, L., *Da Guilielmo d'Ockham a sant'Alfonso de Liguori. Saggi di storia della teologia morale moderna 1300-1787*, Milán, Edizioni Paoline, 1990.

Verneaux, R., *Epistemología general o crítica del conocimiento*, Barcelona, Herder, 1977.

______, *Filosofía del hombre*, Barcelona, Herder, 1985.

Vialatoux, J., *La morale de Kant*, París, PUF, 1966.

Villoro, L., *Creer, saber, conocer*, México, Siglo XXI, 1982.

Viola, F., *Identità e comunità. Il senso morale della política*, Milán, Vita e Pensiero, 1999.

Walzer, M., *Che cosa significa essere americani*, Venecia, Marsilio, 2001 (2a. ed.).

Warnock, M., *Ética contemporánea*, Barcelona, Labor, 1968.

Williams, B., *Introducción a la ética*, Madrid, Cátedra, 1982.

_______, *La fortuna moral*, México, UNAM, 1993.

Wittgenstein, L., *Tractatus logico philosophicus*, Madrid, Alianza, 1974.

Zaccaria, G., "Analogy as Legal Reasoning. The Hermeneutic Foundation of the Analogical Procedure", en P. Nerhot (ed.), *Legal Knowledge and Analogy. Fragments of Legal Epistemology, Hermeneutics and Linguistics*, Dordrecht, Kluwer Academic Publishers, 1991, pp. 43-68.

Zigliara, Th. M., *Summa philosophica*, Roma, Ex Typographia Polyglotta S. C. de Propaganda Fide, 1876, vol. I.

Zubiri, X., *Sobre el hombre*, Madrid, Alianza-Sociedad de Estudios y Publicaciones, 1986.

Hermenéutica analógica, filosofía y dignidad humana,
se imprimió en la Ciudad de México,
el 19 marzo de 2023,
Solemnidad de San José, esposo de Santa María,
en Litográfica Ingramex S. A. de C. V.
Centeno 162-1, Granjas Esmeralda, Iztapalapa,
C. P. 09810, Ciudad de México, México

www.ingramcontent.com/pod-product-compliance
Ingram Content Group UK Ltd.
Pitfield, Milton Keynes, MK11 3LW, UK
UKHW040026200726
13854UKWH00001B/383

9 786075 959825